Yvonne Vera

Seelen im Exil

Black Women

Lamuv herausgegeben von Heike Brillmann-Ede

Black Women: Der Lamuv Verlag will sich verstärkt den Werken schwarzer Frauen, vor allem aus Afrika, widmen, ihre Romane, Erzählungen, Autobiographien veröffentlichen.

Black Women: Das sind Bücher, die etwas Neues bieten, die bereichernd sind, die »Altes« aus einer ganz anderen Perspektive beleuchten, möglicherweise dadurch auch »fremd« erscheinen, zugleich »aufregend« sein können oder Verbindendes deutlich werden lassen, wo zunächst Trennendes dominierte.

Black Women: Diese Autorinnen sind hierzulande – Ausnahmen bestätigen die Regel – nur wenigen bekannt. Sie haben es verdient, ihre Leserschaft zu finden – ob weiblich oder männlich. Ihre Werke verdienen Beachtung und Anerkennung. Denn: »Ohne die afrikanische Literatur fehlen dem Orchester der Weltliteratur einige wichtige Instrumente.« (Doris Lessing)

In der Reihe »Black Women« sind bisher erschienen:

Bessie Head: Sternenwende. Roman
Aus dem Englischen von Susanne Koehler
Lamuv Taschenbuch 208

Aminata Sow Fall: Der Streik der Bettler. Roman
Aus dem Französischen von Caroline Gutberlet
Lamuv Taschenbuch 189

Zoë Wicomb: In Kapstadt kannst du nicht verlorengehen
Erzählungen. Aus dem Englischen von Karen Nölle-Fischer
Lamuv Taschenbuch 209

Yvonne Vera

Seelen im Exil

Erzählungen

Aus dem Englischen von Hilde Schruff

Mit einem Nachwort von Flora Veit-Wild

Lamuv Taschenbuch 210

Originaltitel: Why don't you carve other animals

Die Übersetzung aus dem Englischen wurde mit Mitteln des Auswärtigen Amtes unterstützt durch die Gesellschaft zur Förderung der Literatur aus Afrika, Asien und Lateinamerika e.V.

Bitte fordern Sie unser kostenloses Gesamtverzeichnis an:
Lamuv Verlag, Postfach 26 05, D-37016 Göttingen

Das Papier des Buchblocks besteht zu 100 Prozent aus Altpapier

97 98 99 00 7 6 5 4 3 2 1

Umschlaggestaltung: Gerhard Steidl
unter Verwendung eines Fotos von N. Devore III./Aspen
Gesamtherstellung: Steidl, Göttingen
Printed in Germany
ISBN 3-88977-471-7

Inhalt

Grenzüberschreitungen

James sprach, als öffnete er eine Wunde, mit Vorsicht und unter Schmerzen. Der Augenblick hatte sich gesammelt, und wenn er ihn vorübergehen ließ, würde er ihn nicht so leicht wiederfinden. Doch da war wieder die zögernde, zwingende Stille, in der sie beide schwebten und verloren waren. Sie befanden sich im unbehaglichen Rhythmus ihrer Verärgerung und ihrer qualvollen Situation. Sie waren getrennt durch einen unlösbaren Kampf um Lebensraum, der sich in den Lücken und den Pausen zwischen unvollendeten Gesten und ungenauen Blicken ausdrückte. Sie hörten beide die krachenden Nachrichten der Zukunft in der Luft um sie herum, und der Himmel öffnete sich wie eine Kalebasse und goß reinigendes Wasser durch die Gitter ihrer Furcht. Eine Peitsche knallte über ihnen und wand sich schmerzhaft um ihre ausgewiesenen Seelen. Was hatte er gesagt? Was?

»Es gibt etwas, um das ich Sie bitten möchte ..., Madam.«

Sein Gesicht verriet nichts. Der Mann sprach leise zu der Frau, die er fürchtete und die für seine Furcht verantwortlich war. Warum sollte er so vorsichtig sein? Warum mußte er so demütig sein, betteln, bitten um etwas, das vielleicht ihm gehörte? Er stand in der Tür und hielt das bescheidene Licht auf, das mühsam hereinfloß, und das Geräusch der Grillen, das durch die Tür kam, schien von ihm auszugehen. Er hatte den Busch zur Tür hereingebracht und trug das letzte Licht der Sonne auf seinem Rücken.

Er hielt die verschwindenden Strahlen der Sonne von ihr ab, und sie befand sich im trüben Schatten, eine Silhouette hinter ihrem Schreibtisch in den Tiefen des Zimmers. Seine Augen, die verstohlen durch das Zimmer schossen, fanden ihr rotes Haar, das mit einem weißen Satinband gehalten war. Seine Mütze rotierte nervös über seiner Faust. Die Arbeitskleidung, an den Knien zerrissen, hing wie ein nasser Sack um seine dünnen Beine. Er schützte seine Füße nicht vor der Erde, und sie hinterließen Spuren auf dem unbedeckten Zementboden. Würde er es schaffen, sie zu fragen?

Er hustete nervös, doch sie wandte ihren Kopf nicht und gab kein Zeichen, daß sie ihn gehört hatte. Sie ermutigte ihn nicht zu sprechen, und so hüllte die Stille sie noch einmal ein, und sie fühlten sich unbehaglich durch das Unausgesprochene. In diesem nachklingenden Raum war die Frau auf der Hut. Sie waren auf der Hut vor sich selbst, die sie fürchteten.

Er hustete noch einmal, aggressiv.

Seinem Husten folgte ihr rascher Befehl, die Fenster zu schließen – und die Tür. Eine bittere Hülle legte sich um seine Seele, weihte seine Tarnung und trieb ihn an, die Handlung auszuführen. Der Donner hatte nur einen Moment gedauert, ihr Befehl, ein Echo davon, verweilte in den Ecken des Zimmers.

Er schloß die Fenster gegen die zunehmende Dunkelheit, die durch die Regenstriche hindurch Grüße schickte, und der Himmel wurde tiefer. Einen kurzen Augenblick lang, nachdem er die Vorhänge geschlossen hatte, waren sie zusammen in Dunkelheit gehüllt. Das Licht verließ sie beide, in gleicher Weise.

»Hätte ich denn meinen Vorschlag machen sollen?« dachte James, nachdem er die Vorhänge zugezogen hatte. Er fürchtete, daß sie in der vorwurfsfreien Dunkelheit mit ihrem Gewissen leicht fertig werden würde. Ihre Situation auf dieser Farm machte auch ihr Sorgen. Doch die Dunkelheit legte ihre Hand unterdrückend auf seinen Mund, und er reichte zum Lichtschalter hinauf. Der Lichtstrom löste seinen Mut auf und stahl seine gut vorbereiteten Formulierungen. Sie hatte sich nicht bewegt, und als er sie suchte, wurden seine Augen wieder von ihrem roten Haar aufgehalten. Sie hatte die Ellenbogen auf den Schreibtisch gestützt und hielt ihr Gesicht in den Händen.

Es gab ein Morgen, das auf sie beide wartete. Er würde sie morgen bitten, am Tage, wenn er kam, um das Mittagessen für sie zu kochen.

Sie hatte seine Erinnerung mit unfreundlichen Worten verschmutzt. Hauptsächlich Befehlen. Er dachte immer daran, wie es ohne diese Fremden auf der Farm sein könnte – es wäre so, wie sein Großvater ihm erzählt hatte.

Als er ihr Licht gegeben hatte, ließ sie das Gesicht frei, das zwischen ihren Fingern gefangen war, und ging vom Schreibtisch zum Klavier, an das sie sich mit geradem Rücken setzte, und forderte ihn auf, das Zimmer zu verlassen. Er mußte warten, bis der Regen nachgelassen hatte, obwohl er erstickte an dem Wissen, daß sie seine Gegenwart nicht wollte. Sie war froh, daß sie das Klavier hatte, und gebrauchte es als Schutz gegen ihn.

Ihre Finger flogen rasch über die schwarzen und weißen Tasten und suchten eine Melodie, an die sie sich vage erinnerte. Die Situation verlangte nach etwas Klassischem, das sie halten und ihn, den Eingeborenen, ausschließen würde. Sie bemühte sich darum, aber es war schwer zu erreichen. Doch sie bewahrte die Haltung, davon überzeugt, daß er sie in diesen Dingen niemals würde einschätzen können.

Die Holzpuppe, die sie nach dem Ballett in dem Souvenirladen des Theaters in London gekauft hatte, stand auf dem Tisch neben dem Klavier und erinnerte sie an ihre Flitterwochen mit Charles. Die Straßen waren weiß von Schnee gewesen. Große Bäume waren prachtvoll geschmückt mit glänzenden Weihnachtslichtern, doch sie fühlte sich dort wie eine Fremde, in der drängenden Menschenmenge. Die Puppe erinnerte sie an die weißen Weihnachten, von denen ihre Mutter so liebevoll gesprochen hatte. Sie folgte ihrer Erinnerung durch das dünne Heft auf dem Klavier und wählte ein Kinderlied. Sie war sicher, eingeschlossen in ihre Kindheit, und beobachtete, wie drei Mäuse an der Uhr hochkletterten.

Während sie reiste, saß er auf dem kalten Zementboden neben dem Sofa und hörte ihrem Spiel zu. Ihre Musik hörte sich für ihn unnatürlich an, und ihm gefiel die angestrengte Art nicht, in der sie die Noten las. Während der Regen hart auf das Asbestdach schlug, fragte er sich, wieviel sie für ihre eigene Musik aus der lauten Unruhe sammelte.

Als der Regen weitergezogen war, wandte er seine Augen von ihrem roten Haar ab, ging dankbar nach draußen und schloß die schwere Tür vorsichtig hinter sich. Es dauerte eine Weile, bevor sie merkte, daß er gegangen war, und dann war sie erleichtert.

Lautes, festes Stampfen schickte Vibrationen durch den Boden, und der schwache und gebückte alte Mann, der hinter der Hütte saß, konnte fühlen, wie sich die Erde unter seinen bloßen Füßen bewegte; die Frauen bereiteten weiter das Maismehl vor.

Schwere Holzstößel wurden in die sonnige Luft geschwungen, während die Frauen Seite an Seite arbeiteten, jede mit ihrem eigenen Mörser. Die Ärmel ihrer Blusen baumelten lose herunter und drehten sich in raschen Wirbeln, wenn sie ihre Schultern hochzogen. Ihre Augen ließen nicht ab von den weißen Körnern im Mörser, außer wenn sie miteinander redeten. Dann konnten sie manchmal sogar ihre Arbeit unterbrechen, um sich in ihr Gespräch zu vertiefen. Die beiden Frauen arbeiteten in der Mitte des freien Platzes, um den die Hütten des Hofes einen Kreis formten. Zwischen ihnen standen zwei Säcke mit bereits gemahlenem Mais, und auf zwei Matten standen mehrere Körbe, bis zum Rand mit Erdnüssen gefüllt, die die

Frauen für das Abendessen vorbereiten würden, nachdem sie das Maismehl gestampft hatten. Rechts davon, im Schatten der Hütte und nahe an der Wand, stand eine Kalebasse mit klarem Quellwasser, von dem die Frauen tranken, wenn sie eine Pause machten. Auf dem Wasserbehälter lag ein kleiner, blättriger Zweig, der von einem Strauch in der Nähe gepflückt worden war.

Hühner liefen frei auf dem Hof herum und suchten etwas zu fressen, kratzten hektisch den trockenen Boden und wirbelten staubige Wolken auf, die ihre Körper verschluckten. Wenn sie aber gackernd den Körben mit Erdnüssen zu nahe kamen, verscheuchten die Frauen sie. Hinter der Hütte verfolgte der alte Mann, der gedöst hatte, das Flugzeug, das über ihm dröhnte, und fluchte. Er konnte es im verschwindenden Licht kaum sehen und ärgerte sich, daß seine Augen nicht mehr so gut waren wie früher. Sehr still saß er hinter der Hütte und hörte die Frauen lachen, dann wurden ihre Stimmen abrupt von den stampfenden Stößeln gedämpft. Wenn die Frauen nicht redeten, hallte der Boden von ihrer Arbeit wider.

Auch wenn seine Beine jetzt unsicher waren, erinnerte sich der alte Mann doch an den Fußmarsch seiner Familie vom einen Teil des Landes zum anderen, eine erzwungene Abwanderung durch das Land, die den Verlust ihrer Verbindung mit der Erde symbolisierte, eine Reise, die ihre Verbundenheit, ihre Zugehörigkeit aufgehoben hatte. Nachdem man ihnen gesagt hatte, daß das Land, auf dem sie lebten, nun einem Siedler gehörte, mußten die Dorfbewohner sich entweder bereit erklären, als Arbeiter auf dem Land zu bleiben, oder in ein neues Gebiet ziehen, das für Schwarze bestimmt worden war.

Sein Vater war wütend gewesen, und der alte Mann erinnerte sich, wie er ins Haus und wieder heraus gestürmt war, gereizt durch das Gefühl von Hilflosigkeit. Er würde lieber wegziehen, als für diese Kriminellen zu arbeiten, aber es war schwierig, die Erde zu verlassen, in der seine Vorfahren alle begraben waren, in der Kultur, Geschichte und Religion enthalten waren. War es nicht offensichtlich, daß sie in den ärmsten Teil des Landes geschickt wurden? Was konnten sie dort anbauen? Sie hatten sich losgerissen, ihre Rinder wirbelten große Staubwellen vor ihnen auf. Als der alte Mann sich nachdenklich an die Lehmwand zurücklehnte, sah er, daß die langen Schatten der Frauen den runden Schatten der Hütte berührten.

»Die Kinder müßten bald kommen«, sagte MaMoyo mit schwerem Atem.

»Ich glaube, sie kriegen heute ihre Zeugnisse. Ich hoffe, Maria hat gute Noten. Es wäre gut für sie, wenn sie etwas lernen«, antwortete MaSibanda.

»Fadzai hat mir nicht erzählt, daß sie ihr Zeugnis bekommt. Das macht mir jetzt Sorgen, heißt das, sie weiß, daß sie nicht gut war?« Die Nachricht von den Zeugnissen beunruhigte sie, weil es ihr wichtig war, daß ihre Tochter etwas lernte. Hinter der Hütte fluchte der alte Mann.

»Mein Vater erlaubte uns Mädchen nicht, zur Schule zu gehen. ›Warum Geld für ein Mädchen verschwenden?‹ argumentierte er. Ich glaube, er haßte einfach die Idee, daß man Bücher liest. Er fragte immer, wenn man fertig gelesen hatte: ›Was hast du geschafft? Zeig mir, was du geschafft hast!‹ Und wenn er uns auf dem Weg von der Schule nach Hause traf, spottete er: ›Wo ist eure Last? Was tragt ihr nach Hause, nachdem ihr den ganzen Tag weg gewesen seid?‹«

MaSibanda lachte unbeschwert und war überrascht, daß diese einst schreckliche Erinnerung an ihren Vater sie plötzlich amüsierte.

»Mein Vater wollte, daß wir alle zur Schule gehen, um das Geheimnis der Weißen zu lernen. Aber er hatte nie genug Geld, zum Teil, weil er viel zu hohe Steuern für die Felder bezahlen mußte. Als er sich dann endlich entscheiden mußte, schickte er die Jungen zur Schule.«

Das war eine lange Reise, dachte der alte Mann. Augenblicke gingen ihm durch den Kopf, von seinem jugendlichen Gesicht, das seine Mutter schützend in ihren sanften Händen hielt. Er mußte etwa sieben Jahre alt gewesen sein, als sie sich auf den schweren Weg machten, über Nacht dazu aufgefordert, Fremde in ihrem Land zu werden.

Er erinnerte sich, daß seine Mutter ihn ein Stück des Weges getragen hatte, obwohl sie hochschwanger war und eine schwere Last auf ihrem Kopf trug. An den größten Teil der Reise konnte er sich nicht klar erinnern, und er wußte nicht mehr, wie viele Tage sie gegangen waren, oder wo sie die Nächte verbracht hatten.

Vergessen erleichterte den Schmerz über ihre Vertreibung. Manchmal tauchten Einzelheiten mühelos in seinem Gedächtnis auf, aber er konnte nicht mehr unterscheiden zwischen dem, was er erlebt, und dem, was er sich ausgedacht hatte. Er erinnerte sich gut an seinen Vater, dessen Wut nicht unterdrückt werden konnte, während er sich gegen jeden entwürdigenden Schritt, der ihn von seinem Dorf entfernte, sträubte. Ein Teil des Bildes, das er von seinem Vater hatte, war mit diesem demütigenden Erlebnis verschwunden, und er hörte wieder die Flugzeuge über sich dröhnen. Die glühende Hitze ließ lästige Wassertropfen an seinem Hals hinunterlaufen.

Das Lachen der Frauen unterbrach das Stampfen, und der alte Mann hörte die Fortsetzung ihres angeregten Gespräches über ihre Kinder, die später als sonst von der Schule zurückkamen, und über ihr Leben auf der Farm.

»Es ist schwer, eine Frau zu sein in dieser Zeit. Wenn meine Tochter etwas lernen kann, wird sie nicht so ein hartes Leben wie ich ertragen müssen. Sie kann den Schmerz hinter sich lassen.« MaMoyo war sicher, daß es wegen der unveränderlichen Natur der Traditionen nur eine Fluchtmöglichkeit gab: die in die Welt des weißen Mannes. MaSibanda schickte zwar ihre Kinder zur Schule, zweifelte aber manchmal daran, daß die Lösung in der neuen Schulausbildung lag. Sie empfand ihre Situation auf der Farm als tägliche Prüfung; es fiel ihr nicht leicht, noch mehr von der Kultur derjenigen zu umarmen, die sie unterdrückten. Sie zog es vor, ihr nicht zu antworten, und nahm ihr gleichmäßiges Stampfen wieder auf.

Auf dem alten Mann lastete das Gespräch der Frauen, das zu ihm hinter die Hütte geschlichen kam, aber er war machtlos, das, was sie dachten, zu beeinflussen. Sein ganzes Leben schien eine Bestätigung von Schwäche zu sein, und es tat ihm weh, sich zu erinnern. Nachdem sie ihr Ziel erreicht hatten, beladen mit schwerem Bedauern und Gepäck, hatten sie sich in der trockenen, unfruchtbaren Landschaft am Rande einer Farm, die einem anderen Siedler gehörte, niedergelassen. Andere Familien waren bereits aus anderen Teilen des Landes angekommen, und so wurden sie alle zusammen Verweilende. Die Umgebung glich nicht dem üppigen, freundlichen Tal, das sie kannten, sondern sie war gesprenkelt mit einzelnen, merkwürdig hervorragenden Felsen, und mitten im trockenen Gras gab es plötzlich Gestrüpp aus dornigen Büschen, das dem Ort einen trostlosen Charakter verlieh. Es gab nichts, woran der vertriebene Geist sich halten konnte, außer dem grauen, ausgelaugten Boden. Nichts war freundlich, nichts hieß sie willkommen.

Das erste Erlebnis des alten Mannes in dieser Umgebung war beunruhigend. Er erinnerte sich, daß er losgegangen war, um die Ziegen zu hüten, und sich verwirrt, hilflos und ängstlich gefühlt hatte.

Kraniche waren mit zarten, doch dürren Beinen im Gras gelandet, und sein Herz hämmerte beim Anblick dieser unerwarteten Erscheinung aus einem anderen Leben. In der Totenstille der Landschaft bewegten sich die Vögel mit langen, bebenden Schritten.

Er hatte das Krächzen der Krähen gehört, die von dem Ast eines Baumes zum anderen glitten und Aas suchten. Zahllose Termitenhügel stachen hinter jedem Dickicht hervor. Er trat gnadenlos nach den Hügeln aus roter Erde.

Die Kinder kamen auf den Hof gerannt, ihren Erfolg laut ausrufend, sprangen unbeschwert über die Körbe voller Erdnüsse, die darauf warteten, geschält zu werden, und ihre Gesichter strahlten vor Aufregung und Stolz. Sie hatten am Ende des Schulquartals gute Noten bekommen und konnten nun lesen und ihre Namen schreiben.

Die Mütter hörten auf, Mais zu stampfen, und richteten ihre Blicke auf die Zeugnisse, die sie kaum lesen konnten. Bald waren sie von den guten Nachrichten überzeugt und schickten die Mädchen in die Kochhütte, in der es etwas Brot zu essen gab. Der alte Mann hörte die fröhlichen Klänge auf dem Hof und spürte einen verwirrenden Ärger, den er nicht zurückhalten konnte. Er hatte die Kinder verloren. Er hatte den Kampf verloren. Eine Eidechse kroch um ihn herum, nickte mit dem Kopf und huschte dann ins Strohdach.

Die Frauen hatten ihre emsige Arbeit wieder aufgenommen, und die Nachrichten, die die Kinder aus der Schule mitgebracht hatten, feuerten ihren Eifer an. Sie sangen, während sie stampften, als wären sie unerwartet von einer Qual befreit. Sie sangen vom Traum Mungoshis, dem Gründer ihres Stammes:

MaSibanda, unsere Freundlichkeit wird unser Tod sein...
MaDube, unsere Freundlichkeit wird unser Tod sein...
MaMoyo, unsere Freundlichkeit wird unser Tod sein...

Die zwei Frauen sangen schwungvoll und setzten im Lied abwechselnd die Namen der Frauen ein, die sie kannten, bis ihr Lied das ganze Dorf eingekreist und alle Frauen und die Männer berührt hatte. Sie arbeiteten unermüdlich und bewegten dabei ihre Körper zwischen Traum und Wirklichkeit. Als sie das hämmernde Ende von Mungoshis Traum erreicht hatten, hatten sie soviel Maismehl, daß es für den Rest der Woche reichen würde.

Während die Frauen ihre Mörser und Stößel säuberten, blieb der alte Mann in seiner Erniedrigung versteckt und dachte daran, wie schwierig es für seine ganze Familie nach der Umsiedlung gewesen war. Sie hatten keine andere Wahl, als auf verschiedenen Farmen in der Gegend zu arbeiten und dabei mit Wanderarbeitern um Arbeit zu kämpfen, die von weit entfernten Gebieten, sogar aus Nyassa-Land, gekommen waren. Sie pflückten Baumwolle auf ein paar Plantagen und bekamen pro Sack einen armseligen Lohn bezahlt. Der alte Mann war damals ungefähr zehn und dachte anfangs, es mache Spaß, die zarten Baumwollknospen zu pflücken, die letztendlich in Stoff verwandelt werden würden. Bald merkte er, daß die Arbeit ermüdend war und daß die wenigen Schillinge, die ihnen am Ende des Tages gegeben wurden, nicht reichten, um ihre Ausgaben zu decken.

Das Land, das in Farmen aufgeteilt war, war das einzige in der Gegend, von dem man überhaupt leben konnte. Warum hatte man ihnen erzählt, das Land wäre für sie bestimmt, wenn sie eigentlich hierher geschickt worden waren, um zu arbeiten? Sie hätten ebensogut auf dem Land ihrer Vorfahren bleiben und dort arbeiten können.

Später, als er ungefähr zwanzig war, lernte er ein Mädchen kennen, dessen Eltern als Squatters auf einer der Farmen lebten. Er hatte sie geheiratet und war zu ihrer Familie gezogen. Sie hatten drei Jungen bekommen, die auch heute noch als Squatters auf derselben Farm lebten. Die Generation, der die Farm gehörte, war eine andere, die Form der Unterdrückung aber hatte sich für seine Familie nicht geändert.

Der alte Mann hörte seinen Schwiegertöchtern zu, die sich über James unterhielten, seinen ältesten Sohn, den sie bald vom Farmhaus zurückerwarteten. Die Gedanken des alten Mannes konnten die Dornen und Kakteen nicht loslassen, die das trockene, rissige Gelände seiner Kindheit besiedelten.

Die ausgewiesene Seele beharrt darauf, eine Verbindung zwischen den Augenblicken und der Geschichte zu finden, von der Zukunft das Versprechen zu fordern, daß es eine Entschädigung geben werde. Der verbannte Wanderer beharrt darauf, Geschichten zu erzählen und Lösungen zu finden, denen die Vergangenheit ausgewichen war. Gefangen zwischen Erinnerungen und Träumen, webt der Ausgewiesene voller Hoffnung aus einer Geschichte tödlicher Qual eine tröstende Vorstellung.

»Es war dumm von mir, sie nicht zu fragen.«

James ging durch die feuchten Gewölbe der Maisblätter über einen kurzen Weg, der zu den Hütten hinter den Feldern, zu den Grenzen der Plantage führte. Unter dem brütendheißen Himmel war alles zu Schatten und Stille verdunkelt. Sein Kopf pochte, als wäre er einem grausamen Sonnenlicht entkommen. Sie, seine Familie, waren Squatters und bezahlten keine Steuern für das Land, das sie nutzen durften, sondern mit der Arbeitskraft, die sie der Farm zur Verfügung stellten. Sie lebten rechtlos am Rande des Landes, ihre Seelen bar jeder Hoffnung, und ihre Lebenskraft ausgezehrt durch entfremdende Arbeit.

Im Gegensatz zur Familie seines Vaters, die beschlossen hatte, wegzuziehen, als sie mit den entsetzlichen Alternativen der Siedler konfrontiert wurde, hatte die Familie seiner Großmutter beschlossen zu bleiben. Sie hatten bereits bei den vielen Menschen, die aus anderen Landesteilen hergebracht und bei ihnen angesiedelt worden waren, die Enttäuschung gesehen. Ihre Erinnerungen, die an geheimen Orten im ganzen Land lagen, und ihre Vorfahren, die in diesem Land begraben waren, beschützten sie hier.

Ihre Erinnerung an die Generationen, die von diesem Land ernährt worden waren, heilte sie, brachte Frieden in ihre besorgten Herzen. Es gab kein Wort für Squatters in ihrer Sprache, doch wenn sie zum Farmer gehen mußten, um die Geburt jedes Kindes in einem großen, schweren Buch eintragen zu lassen, wußten sie, daß sie Fremde für das Land geworden waren. Man hatte sie aufgefordert, ihre Vorfahren zu vergessen, die in diesem Land begraben waren.

»Morgen werd ich mit ihr sprechen, bevor ihr Mann aus der Stadt zurückkommt.«

Mit dieser Entscheidung betrat er die Hütte, in der das Feuer in der Mitte der Feuerstelle als sterbende Begrüßung brannte, und setzte sich auf ein großes Ziegenfell, das auf dem mit Mist polierten Boden ausgebreitet war.

MaMoyo saß in der Hütte und kümmerte sich um das Feuer. Jeden Tag versorgte sie den Haushalt, während James auf der Farm arbeitete. Sie freute sich darauf, ihm zu erzählen, daß ihre Tochter in der Schule gute Noten bekommen hatte und daß die Tochter seines Bruders auch gute Noten hatte. Die beiden älteren Kinder waren schon in eine Decke gerollt und schliefen neben dem Feuer, wo die Wärme sie leicht erreichte.

Oft beteuerte MaMoyo, daß sie nie auf der Farm arbeiten würde, außer auf dem kleinen Stück Land, das ihr zugewiesen war. Wenn sie die weiße Frau auf ihrem

Weg vom Fluß traf, blieb sie nicht stehen, um mit ihr zu reden. Oft verfluchte sie die Erde, die sie betrogen hatte, indem sie die rücksichtslosen Füße von Fremden duldete. Es war nicht zu ändern, daß ihr Mann auf der Farm arbeiten mußte, wie auch die Familie seines Bruders aus der Nachbarhütte und sein jüngster Bruder und ihre ganze Familie.

Es war das Leben des jüngsten Bruders, das sie vorbereiteten.

»Hast du nach dem Stück Land gefragt, James?«

Sie brauchte keine Antwort, als sie sein unzufriedenes Gesicht sah. Was sollte Moses machen, ohne Land, auf dem er Getreide anpflanzen und für seine neue Frau sorgen konnte? Wie auf den meisten Farmen, die den Siedlern gehörten, lag auch hier die Hälfte der Plantage brach, ungenutzt. Nur Teile davon wurden bestellt, und manchmal verging sogar ein Jahr, in dem nichts gepflanzt wurde. Sogar diejenigen, die intensive Landwirtschaft betrieben, nutzten einen großen Teil ihres Landes kaum. Doch sie klammerten sich an ihr Land, das sie reicher machte, und grenzten die, die es wirklich brauchten, aus.

James wollte einen winzigen Bruchteil des brachliegenden Landes für seinen Bruder. An den Grenzen der Farm waren Schilder an Pfählen aufgehängt, die vor unerlaubtem Betreten warnten. James hatte das merkwürdige Gefühl, daß die Flamme mit ihm erlosch, daß er in ihrer Atmosphäre gefangen war, aber er wußte, daß nur sein Ärger wirklich war und daß er dagegen kämpfen würde.

Nora und ihr Mann waren sich nicht einig, ob sie überhaupt Squatters auf ihrer Farm erlauben und sie selbst weiterhin dort leben sollten.

Nora Jones war auf einer Farm aufgewachsen, auf der ihr Vater Tabak anbaute. Sie hatte Charles bei einer Tabakversteigerung kennengelernt, bei der sie sich um die Geschäfte ihres Vaters gekümmert hatte. Als ihr Vater starb, ein Jahr, nachdem sie Charles kennengelernt hatte, verkaufte sie die Farm und heiratete. Noras Mutter war gestorben, als Nora ein Teenager war.

Noras Mutter hatte das gnadenlose, heiße Klima Afrikas verabscheut, doch ihr Mann hatte darauf bestanden zu bleiben. Immerhin besaßen sie hier Land und Wohlstand, was sie in England nie haben würden. In Afrika konnten sie so viele Bedienstete haben, wie sie wollten. Es gab keinen Grund, nicht zu bleiben. Noras Vater hörte nur seine eigene Stimme, traute nur seinen eigenen Überzeugungen.

Mrs. Jones redete oft von ihrem England, von der kleinen Küstenstadt, in der sie aufgewachsen war, und dem Jahrmarkt, den sie jeden Sommer besucht hatte. Sie redete von typisch englischen Dingen. Ein Bild von ihr stand auf dem Kaminsims. Das Foto zeigte sie auf einer Schaukel an ihrem vierten Geburtstag. Auf dem Bild lag hinter ihr ein Berg Schnee. Sie liebte es, im Winter in den Park zu gehen, und sie hatte einen Onkel in England, der oft mit ihr dorthin gegangen war. Der Park war ein einsamer, bezaubernder Ort im Winter, wenn die Bänke mit Schnee bedeckt waren. Afrika war einsam, sicherlich, aber es war ganz bestimmt nicht bezaubernd.

Nora zieht die Vorhänge auf, und das frühe Morgenlicht fließt ins Wohnzimmer, während ihr die Gegenstände im Zimmer in die Augen springen: das Klavier, das Sofa, der Schreibtisch. Sie schiebt die Glastür auf, die den größten Teil der Wand ausmacht, und tritt erleichtert in die frische Luft auf der Veranda. Sie steht in ihrem Nachthemd und schaut auf die schimmernden, langen, grünen Maisblätter, die von dem kurzen Regen der letzten Nacht glänzen.

Nora badet im Licht. Die Steine und der Asbest des Hauses engen sie ein, unterdrücken ihre Lebenskraft und wecken in ihr den dringenden Wunsch nach Flucht. Das Gefühl der Sonnenstrahlen auf ihrem Gesicht entrückt sie und weckt sie, und sie schließt ihre Augen, um das reinigende Licht aufzusaugen. Es gibt vieles, vor dem sie fliehen möchte, von dem sie wünscht, es würde sich im hellen Licht der Sonne auflösen.

Anfangs hatte sie viele Lampen im Haus gesammelt, um die Nacht zu erhellen. Die afrikanischen Nächte waren, für sie, beunruhigend still in ihrer dichten Dunkelheit. Sie merkte bald, daß sie das Licht, das die Lampen ausstrahlten, nicht mochte, es ermüdete ihre Augen und füllte das Haus mit fliegenden Nachtinsekten.

Noras Mann sagte ihr, daß sie die Vorhänge vor ihren Fenstern zugezogen lassen sollte, obwohl sie vom Licht geweckt werden wollte.

»Die Eingeborenen werden sehen, wie du dich ausziehst.«

Er warnte sie eindringlich. Sie hörte in seiner Stimme nicht das Verlangen, ihre Weiblichkeit für ihn selbst zu bewahren. Er war allein auf seine bedingungslose Macht über die Eingeborenen bedacht. Er sagte es, als wäre es fürchterlich, wenn ein Eingeborener ihren Körper sähe. Sie fragte sich bald, ob ihr Körper vielleicht wirklich etwas Unerträgliches hatte, etwas, das er selbst verabscheute und an das er dachte, als er sie vor den Eingeborenen warnte. Die schlimmste Bedrohung für ihre Würde, für seine Sicherheit war, daß ein Eingeborener durch die offenen Vorhänge am Fenster ihren Körper sehen könnte oder ihr träumendes Gesicht; ihr Gesicht, unvorbereitet, gesichtslos, begegnet den ausdruckslosen Gesichtern der Eingeborenen.

Mrs. Jones machte aus Nora ein »kleines England«, von ihrem Wunsch nach Selbsterhaltung geleitet. Durch ihre Tochter erkundete sie die unerfüllten Wünsche ihrer ausgewiesenen Ambitionen. Sie sorgte dafür, daß ihre Tochter Ballettstunden nahm, klassische Musik hörte und Gedichte las. Noras erstes Gedicht, das von der Königin handelte, wurde von ihrer Mutter gelobt. Als sie Klavier spielen konnte, hielt ihre Mutter Nora für eine vollendete Dame. Doch Noras größte Liebe galt dem Malen, und sie konnte sich stundenlang schöne Gemälde anschauen und entdeckte in ihnen Welten, die es nur außerhalb ihrer erlebten Erfahrung gab. Sie sah Gegenstände nicht immer, wie sie aussahen, sondern so, wie sie sie gern gemalt sehen würde. Die Wirklichkeit war jedoch stärker als eine gemalte Vorstellung. Selbst jetzt, während sie ihre Maisfelder betrachtete, spürte sie die Gegenwart dieses anderen Lebens am Rande der Plantage, und sie sah dunklen Rauch in die Luft steigen von den Hütten, die nicht zu sehen waren. Da sie Angst hatte, über das Leben, das der Rauch andeutete, nachzudenken, ging sie zurück ins Haus und zog die Tür fest hinter sich zu.

An einer Seite der Wohnzimmerwand hatte Nora die Gemälde aus England, die sie von ihrer Mutter geerbt hatte, sorgfältig aufgehängt. Es waren alles Reproduktionen von Turner-Bildern. Nora war fasziniert von dem Licht in ihnen, von der Kraft, die von der Mischung der Farben ausging, die auf der Leinwand verschmolzen.

Die Bilder gaben ihr das schwebende Gefühl von etwas Unentschiedenem, etwas Unvollständigem und Chaotischem. Die glatte Oberfläche des Wassers, wie sie durch den Nebel zu sehen war, deutete auf eine erschreckende Ruhe hin, und auf manchen Bildern schoß das Wasser wirklich hoch auf wie ein lebendiges und furchterregendes Ding. Sie mochte am liebsten die Bilder, in denen sich die klaren Linien der Gegenstände verloren, Menschen zu Flecken wurden und aus dem Blickfeld verschwanden, indem sie wie Tupfen über eine ähnlich undeutliche Brücke gingen. Die Menschen waren in einer Wolke gefangen, in der alles zu einer Täuschung des Lichts, zu einem Rhythmus der

Wahrnehmung verdichtet war. Nur das Licht und die Farbe existierten in einer privilegierten Reinheit, während sich die Gegenstände in lebendiger Melancholie auflösten. Die Zeit löste sich in der ewigen Wellenlinie des Lichts auf, und Nora zog aus dem Gemälde ihr Sicherheitsnetz, eine Ordnung für ihre Welt und Funken ihres Seins.

Warum bestand Charles darauf, in dieser unfreundlichen Umgebung zu bleiben?

Es gab eine große Unruhe im Land. Nora dachte mit Furcht an ihr Leben hier und war erfüllt von rücksichtslosem Mißtrauen gegen die Eingeborenen, die über die Farm zogen. Warum war James gestern abend zu ihr gekommen? Er würde noch einmal kommen, das wußte sie.

Es wurde viel geredet, dort draußen am Rande der Farm. Man hatte die Feuer in den Hütten bis spät in die Nacht brennen sehen. Was sagten sie über die Besitzer der Farm? Nora wußte, daß sie das Land zurückhaben wollten. Vielleicht würde ihr Mann bald zurückkommen. Charles blieb nie länger als zwei Tage in der Stadt, fünfzig Kilometer entfernt, in die er gefahren war, um Lebensmittel einzukaufen.

Charles klammerte sich an seine trockene Verachtung für die Eingeborenen, die er von dem Land selbst trennte.

»Wenn man ihnen das Land gäbe, wüßten die Eingeborenen nicht mal, was sie damit machen sollten.«

Die Arbeiter lockerten die Erde um die hohen Maispflanzen mit kurzen Hacken auf, gebückt unter den langarmigen Blättern, die von den Stengeln ausgingen und an der Haut juckten, wenn sie gegen die bloßen Arme rieben. Während die Arbeiter die Erde umgruben und zu schützenden Hügeln um die freigelegten Wurzeln der Stengel häuften, zogen sie Unkraut aus und schüttelten es kräftig, um die Erde zu lösen, die an ihm haftete. Ohne die Erde, von der es sich ernährte, würde das Unkraut eingehen. Es war dunkel unter den Maispflanzen, die, obwohl sie in ordentlichen Reihen gepflanzt wurden, dieser Einteilung trotzten und lange Blätter aussandten, die sich mit denen der Nachbarn verbanden. Lichtschimmer drangen bis zum Boden, wo die Arbeiter, in ihrer Arbeit gebückt, der Erde nahe waren. Die Erde bot keinen Widerstand und gab leicht nach, wenn man das wuchernde Unkraut herauszog.

Ein Haufen herausgezogenes Unkraut wuchs am Ende jeder Furche zu einem kleinen Hügel, und die kleinen Kinder trugen es in ihren Röcken weg, an den Feldrand in die frühe, helle Morgensonne. Wenn sie zurück in den Schatten rannten, brauchten sie sich nicht, wie die Erwachsenen, unter den Pflanzen zu bücken, und ihnen machte auch das Jucken an den Armen nichts aus, das sie linderten, indem sie in den kühlen Fluß sprangen, der an einem Ende der Plantage floß. Die Arbeiter arbeiteten ohne Anzeichen der Erschöpfung und vergaßen für eine kurze Zeit, daß das Land ihnen nicht gehörte. Sie liebten das Land und seinen erdigen Geruch. Sie liebten das Versprechen wachsender Dinge, einer Zeit, die Hoffnung in sich barg. Die Babys, von den Rücken ihrer Mütter losgebunden, krochen die Furchen entlang. Die Arbeiter arbeiteten ohne Aufsicht, bis auf die von James, der mit ihnen verwandt war. Es war eine Art Heimkehr, dieses Bündnis, das sie mit der Erde hatten.

James arbeitete auf der Farm und manchmal auf dem Hof, wo er die Pflanzen versorgte. Er arbeitete manchmal in der Küche, wenn es nicht zuviel Arbeit auf der Plantage gab. Obwohl er klare, durchdringende Augen hatte, strahlte James Ruhe aus, und die anderen Farmer nannten ihn einen »guten« Schwarzen. James betrachtete das Leben auf der Farm als eine vorübergehende Unannehmlichkeit, und er glaubte, daß es sich ändern würde. Für ihn war es offensichtlich, daß die Anomalie der Situation nach Veränderung verlangte. Der bewaffnete Kampf war dazu da, diese Veränderung zu bewirken.

James hatte Respekt vor Nora und Charles, die Art von Respekt, die sie verlangten. Man respektierte eine weiße Person ganz automatisch. Das Ehepaar verkörperte für ihn einen Mikrokosmos im Kampf des weißen Mannes, sich auf fremder Erde zu Hause zu fühlen. Er sah, wie die weiße Frau darum kämpfte, die Landschaft aufzunehmen, wenn sie auf ihrem Schaukelstuhl saß und ein Gleichgewicht suchte. Manchmal holte sie sich ihre Farben, ihre Pinsel und ihre Staffelei zu Hilfe. Sie starrte eindringlich in den Himmel und auf die Bäume, um sie aufzunehmen, ihr Blick entfachte eine Partnerschaft mit der Natur, flehend. Bis auf Spaziergänge mit ihrem Hund zog sie sich von dem Land zurück, als wolle sie ihr unbefugtes Betreten wiedergutmachen.

Wenn James das Haus der weißen Frau betrat, fühlte er sich auch wie ein Unbefugter, und das ärgerte ihn. Die feinen Häkeldeckchen auf den Tischen, die mit Spitze bedeckten Kissen, die lächelnde Königin hinter der Tür und das Klavier, das aus einer Ecke des Zimmers herausragte, zwangen ihn, gehorsam zu sein. Die Haltung der weißen Frau und ihre raschen Befehle ließen ihn seine Unvollständigkeit spüren. Er verstand aber, daß er unvollständig war, weil sie ihn so behandeln wollte. Nora behandelte James wie eine Abstraktion.

Sie hatte ihn James genannt. Sie behauptete, »James« ginge ihr leichter von der Zunge als sein eigentlicher Name, den sie weder lernen noch verstehen wollte. Er hielt seinen alten Namen zwischen seinen Lippen, wann immer er seinem neuen Namen begegnete, und drückte auf diese Weise eine Macht und Autorität über seine Identität aus.

Benannt zu werden.

Neu eingetragen zu werden.

Neu erschaffen zu werden.

Namenlosigkeit war, was sie durch ihre entfremdende Art der Identifizierung für ihn erreicht hatte. Sie hatte ihn darauf vorbereitet, gerufen zu werden, und erinnerte ihn an eine Beziehung, in der er untergeordnet war.

Um das Ritual zu vervollständigen, denn ein Ritual war es wirklich, schickte sie ihn zum Verwaltungsbüro der Kolonie, wo er »seine Identität abholen« mußte. Als er zur Farm zurückkehrte, war er Eingeborener R491766, und sein rechter Daumen war in schwarze Tinte getaucht und in einen Kasten gedrückt worden, der auf einem großen Blatt Papier abgebildet war, das er immer bei sich tragen mußte. Auf diese Weise erlangte er seine neue Identität und seinen Eintritt in ihre Welt. Mit dem Papier war er auffindbar, falls etwas auf der Farm verschwinden sollte. Das war ein sicherer Weg, die Loyalität des Eingeborenen zu erzwingen, denn man konnte keinem von ihnen trauen.

James kämpfte mit der Last seiner neugewonnenen Identität, und er bat MaMoyo inständig, ihm zu helfen und ihn immer mit seinem eigenen Namen anzusprechen. Doch Wiederholung und Umfeld übten eine größere Macht aus als Bestreben.

Der Baas wollte James sprechen.

Die Madam wollte James sprechen.

Bald nannte ihn seine ganze Familie James. Seine neuen Umstände waren akzeptiert worden wie alle anderen Umstände, die in ihr Leben eingedrungen waren. Aber James sah sich selbst nie als James. Dieses Geheimnis beruhigte ihn während seiner Arbeit auf der Farm, auf der er als Squatter registriert war. Er würde die von Nora initiierte Metamorphose nicht zu Ende führen.

Was ist? Was hast du gesagt?

Sie wußte nicht, was er murmelte, wenn sie ihn anredete.

Der Buschkrieg bedeutete Uneinigkeit und bedeutete auch Angst und Mißtrauen. Nora wußte nicht, wovon die Afrikaner sprachen, wenn sie an ihren Feuern saßen. Ihre Mutter hatte die Afrikaner von ihr ferngehalten, sie vor ihrem Aberglauben und ihrer ungeschliffenen Sprache beschützt. Noras Mißtrauen gegenüber den Afrikanern war auch ein Aberglaube, der ihr half, ihr Gefühl, anders und privilegiert zu sein, zu erhalten.

Der Buschkrieg hatte die Ruhe gestört, die der Besitz von großen Farmen und Eigentum mit sich brachte, und die Sicherheit, die sie durch ihre Heirat gewonnen hatte. Ihrer soliden Grundlage beraubt, war ihre Ehe jetzt ein Echo der vom Buschkrieg ausgehenden, verwirrenden Vibration – und sie bekämpfte Charles mit ihrem eigenen Drang zu überleben. Umstände schufen Beziehungen.

»Wir müssen mit der Farm etwas machen. Vielleicht sollten wir für eine Weile in die Stadt ziehen.«

Sie wagte es nicht, ihn anzusehen.

»In die Stadt ziehen? Du weißt, daß ich nie in der Stadt gelebt habe. Ich würde es dort nicht aushalten. Es gibt keinen Grund für uns, in der Stadt zu leben. Ich habe dir das doch schon gesagt. Warum bestehst du darauf? Warum läßt du mich damit nicht in Ruhe?«

Sie hatte seine hektischen Gesten erwartet, seine zusammengezogene Braue, seinen Ärger. Das bedeutete nicht, daß sie nicht beharrlich bleiben, daß sie nicht kämpfen würde. Sie würde ihre Meinung sagen, während er tobte und raste. Sie würde nicht verstummen, und sie brauchte weder sein Verzeihen noch seine Freundlichkeit, die sie nicht länger erwartete.

»Es wäre sicherer dort – für uns beide. Hier gibt es nichts, was uns beschützt. Hier gibt es nichts.«

Er stand nicht auf von dem Stuhl an der anderen Seite des Tisches, an der er saß, sondern dachte eine Weile nach, und sie erwartete, daß er erbarmungslos sein würde. Aber er überraschte sie mit seinem Bitten, und sie spürte kein Mitleid mit ihm, weil sie nicht vergessen konnte, daß er unfreundlich zu ihr sein konnte.

»Wir haben unsere Farm hier, Nora. Kannst du nicht sehen, daß wir hier etwas haben, was wir lieben können? Bist du nicht mit dieser Farm verbunden? Wärst du lieber eine Gesellschaftsdame in der Stadt, die zu Teepartys geht?« Als er zu Ende geredet hatte, schwoll der Ärger in ihr, denn sie glaubte, er lachte sie ein wenig aus.

»Ich rede nicht von Liebe, Charles. Nein, nicht Liebe. Ich mache mir Sorgen um unsere Sicherheit. Der Buschkrieg, Charles. Der Buschkrieg.«

Doch er hatte sich vom Buschkrieg abgewandt und schaute von ihr weg, haßte sie. Warum mußte sie in seinen Frieden eindringen? Der Buschkrieg war eine ungeheure und unheilbare Bedrohung der Ruhe, die seine Vorfahren über viele Jahre aufgebaut hatten.

Charles' Großeltern waren aus Südafrika in Rhodesien angekommen. Seine Vorfahren waren schon eine lange Zeit in Afrika, Kinder des Großen Trecks. Wenn Charles sich die Mühe machte, seine Verbindung zu diesem Land zu rechtfertigen, sein Gefühl der Zugehörigkeit, dann redete er vom Großen Treck und den ruhmreichen Taten seiner Großeltern.

Es war wichtig, sich zugehörig, nicht wie ein Eindringling zu fühlen. Mit dem Großen Treck hatten seine Großeltern das Land durchquert und seine weite Landschaft zerschnitten. Sie hatten ihren Blick auf jeden kleinen und jeden großen Hügel gelegt, die wilden Echos des Lebens um sich herum gehört, und sie hatten den Vögeln und Tieren Namen gegeben. Sie hatten eine Sprache gefunden, mit der sie ihre Entdeckung zementierten und ihre Inititation, die zugleich ihre Taufe war.

Einige der Auswanderer hatten den Weg nicht überlebt, doch sie galten als Opfer. Die Qual hatte ihre Angehörigen, ihre Rasse stark gemacht und sie gelehrt, daß sie jede Situation überleben konnten, in der ihre Willenskraft auf die Probe gestellt wurde. Indem sie durch das Land gezogen waren, hatten sie seinen Widerstand überwunden.

Sie hatten es gezähmt.

Es beherrscht.

Es in Besitz genommen.

Dafür hatte das Land ihnen heilige Geschenke gegeben. Das Land hatte einen spirituellen und regenerierenden Einfluß, der ihr Gefühl, im Exil zu sein, tilgte. Ihre Reise war ein Sprung in ein anderes Gebiet, der die Qual der Enteignung auflöste. Ihr Anspruch auf das afrikanische Land schien ihnen absolut, unveränderlich.

»Du möchtest wirklich die Farm verlassen? Du hast Angst. Ich kann sehen, wieviel Angst du hast.«

Er haßte sie dafür, daß sie ihre Angst zeigte, und dafür, daß sie ihn nicht unterstützte. Sie sah, daß er ihr ihre Angst vorwarf und daß er sie als seine eigene erkannte.

»Wir können ein Haus in der Stadt kaufen. Die Farm kann uns immer noch gehören, bis die Lage sich bessert.«

»Ich glaube nicht, daß wir aufgeben sollten, Nora. Wir haben schon eine Menge aufgegeben, aber ich habe auf dieser Farm hart gearbeitet.«

»Wir können zurückkommen, Charles. Wir können zurückkommen.«

Er hätte glauben können, daß sie ihn trösten wollte, doch sie hob nicht einmal ihre Augen, um ihn anzusehen, und zuckte mit den Schultern, als wollte sie eine Verantwortung abschütteln, die ihr zuviel war. Bestürzt las er diese Zeichen und bemitleidete sie, die nicht verstand, was ein Stück Land für einen Mann bedeutete.

Doch warum mußte sie ihn mit sich hinunterziehen, wenn sie doch diejenige war, die nichts verstand? Wie konnte sie ihn bitten, sich so feige zu benehmen? Er wußte, daß sie ihn verspotten würde, nachdem sie ihren Willen durchgesetzt, nachdem er ihren Wünschen nachgegeben hatte. Sie würde seine Bereitschaft, sich auf ihre Laune einzulassen, als Schwäche ansehen und ihre Stärke über ihn halten wie eine Trophäe. Er wollte weder vor einem Eingeborenen flüchten, noch Nora Macht über sich selbst geben. Er würde Waffen kaufen, um seine Farm zu verteidigen und auch sich selbst.

Er wandte sich von Nora ab und betrachtete die Gemälde. Er mochte die Gemälde nicht, die Nora aus dem Haus ihrer Mutter mitgebracht hatte, sie waren zu typisch englisch. An der angrenzenden Wand hatte er seine eigene Auswahl von Gemälden aufgehängt. Er besaß Portraits von Cecil John Rhodes und David Livingstone, denen das Land seiner Meinung nach Fortschritt und Zivilisierung zu verdanken hatte. Sie waren beide große Männer, Forscher, die gegen Krankheit und Unwissenheit der Eingeborenen kämpften, als sie das Land für sich erschlossen. Es waren mutige Männer, die Land auf ihrer Durchreise annektierten.

Unter diese Portraits hatte er ein Gemälde gehängt, das er in London gekauft hatte, während seiner Flitterwochen mit Nora. Es hieß »Zeit ist ein Fluß ohne Ufer«. Das Bild hatte seine Phantasie angesprochen, obwohl Nora sagte, daß sie es für wertlos hielt. Ein Fisch flog über einen Fluß, der Arm eines Mannes erschien auf dem Bauch des Fisches und spielte Geige. In der rechten Bildecke, am Ufer, saß ein Liebespaar. Der Fisch hatte Flügel und flog freudig in einem blauen Nebel. Charles mochte das Gemälde, weil es geheimnisvoll und phantastisch war, und er entdeckte immer wieder etwas Neues in ihm. Das Bild war seine Flucht, sein Träumen. Er fand, daß die Vision darin vollkommen und in sich geschlossen war, dennoch gab es in dem Gemälde die klare Erkenntnis, daß der perfekte Augenblick nicht verewigt werden konnte. Als er das Gemälde betrachtete, hatte Charles das Gefühl, einen Moment lang die Größe eines schönen Augenblickes gesehen zu haben, der plötzlich verdorben worden war, der nicht erhalten werden konnte. Die Phantasie in dem Gemälde bestätigte den Zusammenbruch eines Ideals.

»Die Reise, die wir auf dem Sambesi gemacht haben, hat sie dir gefallen? Die war schön, Nora. War sie nicht schön?«

Er unterbrach die Stille und ihre Träumerei und bat sie, mit ihm in eine Zeit zu reisen, als sie beide jung waren und sich nicht um Zärtlichkeit zu bemühen brauchten.

»In einem Kanu auf einem Fluß, in dem es von Krokodilen wimmelte. Ich hatte solche Angst vor dem Wasser. Ich verabscheute das Wasser damals. Aber es war wunderbar.«

»Würdest du diese Reise noch einmal machen wollen ... ein Kanu auf dem Sambesi? Auf die Jagd gehen. Ich habe schon lange nicht mehr gejagt. Es wäre schön, auf eine Safari zu gehen.«

»Es ist zu spät zum Träumen, Charles. Es ist gefährlich zu träumen.«

»Wir könnten dennoch jagen gehen und dann in die

Stadt zurückfahren. Wir brauchen gar nicht im Busch zu zelten. Erinnerst du dich an den Tag, an dem wir sahen, wie ein Löwe eine Antilope riß und fraß? Als wir am Sambesi zelteten und die Hyänen um unser Lagerfeuer lauerten? Ich sehne mich nach dem Mond, der fremd aussieht, wenn man ihn in der Wildnis sieht. Die Eingeborenen sagen, er bringt Botschaften. Früher hast du den Mond gemocht, obwohl du natürlich die Dunkelheit gehaßt hast.«

»Denk an den Buschkrieg, Charles. Es ist nicht mehr ungefährlich, zu zelten oder auf die Jagd zu gehen. Der Busch gehört dir nicht mehr, Charles, und wir müßten sogar einen Ort verlassen, der nur halb so gebändigt ist wie diese Farm. Warum machst du so weiter? Warum quälst du dich selbst mit sinnlosen Wünschen? Was wird passieren, wenn wir Ziel eines Angriffs werden? Keiner wüßte, daß wir verletzt worden sind. Glaubst du, die Squatters würden uns helfen, Charles? Glaubst du, sie würden sich darum kümmern?«

Charles konnte nicht glauben, daß seine Eingeborenen ihn abweisen würden. Sie waren nicht arrogant genug, das zu tun. Sie waren gute Eingeborene. Sie konnten im Busch kämpfen und versuchen, was sie wollten. Es war alles vergeblich. Charles fand es aufregend, in Afrika zu sein, und er ließ nicht zu, daß Noras wiederholte Warnungen sein Gefühl für die Steppe Afrikas trübten, das Gefühl, das sein Vater ihm schon beigebracht hatte. Doch sie würde nicht aufhören, seinen Traum zu trüben.

»In den Zeitungen steht, daß die meisten Weißen das Land verlassen, weil sie glauben, daß wir den Krieg verlieren werden.«

Nora warf ihm vor, daß er versäumte, sich zu entscheiden, sie zu beschützen. Sie reizte ihn mit ihren Bemerkungen.

»Lies die Zeitungen nicht, Nora. Du weißt, wie sie übertreiben.«

Er bereute, die Zeitungen aus der Stadt mitgebracht zu haben, aber Nora hätte sich aufgeregt, wenn er sie nicht mitgebracht hätte.

»Wir können nach England gehen. Alle dürfen zurückkommen. Wir könnten noch einmal von vorn anfangen, Charles. Ich wünschte, wir könnten unsere Koffer packen und weggehen.«

»Du sagst nie, daß wir nach Südafrika gehen könnten. Du weißt, daß ich dort glücklich sein könnte. Ich kann mir nicht vorstellen, in England aufzuwachen.«

Als sie aufhörten zu reden, berührten sie sich nicht, sondern entfernten sich voneinander. Nora ging nach draußen und bewunderte den blühenden Bougainvilleastrauch am Rande der Veranda, der einen lila Glanz auf die Ringelblumen darunter warf. Die Bienen flogen unbekümmert von einer Blume zur anderen, verteilten Blütenstaub und summten dann triumphierend davon. Sie war froh, daß sie entkommen war, und wußte genau, daß er ihr nicht folgen würde. Glaubte er, sie haßte Afrika? Wußte er nicht, daß sie es nur nicht lieben konnte? Sie verabscheute die Unruhe unter dem einladenden Blau des wolkenlosen afrikanischen Himmels.

Nora saß auf ihrem Schaukelstuhl am Rande der Veranda hinter dem Vorhang aus rankendem Efeu und dachte an die Squatters, denen sie nicht traute. Sie war sich sicher, daß James' Frau sie nicht leiden konnte, seit sie erlebt hatte, wie sie sich ihr gegenüber benommen hatte, damals, als sie gegangen war, um James zu rufen, weil er ihnen helfen sollte, den Lastwagen anzuschieben. Zwei Frauen hatten draußen gesessen, kaum voneinander zu unterscheiden in der Kleidung, die aus demselben Stoff genäht war. Sie hatte am Rande des freien Platzes gestanden, und beide Frauen hatten sie ignoriert, als wäre sie nicht einmal anwesend. Warum standen sie nicht auf und ließen von ihrer Arbeit ab, als sie ihren Hund bellen hörten? James' Frau hatte ihren Korb genommen und war in ihre Hütte gegangen, hatte sie damit herausgefordert, ihr zu folgen, da sie wußte, daß Nora es vorgezogen hätte, vor der raucherfüllten Hütte mit ihr zu sprechen. Nora war ihr gefolgt, trotzig.

»Ich suche James. Ist er zu Hause?« hatte sie aggressiv gefragt.

»Ich hab ihn nicht gesehen, Madam.«

Nora mochte die Art nicht, wie die Frau »Madam« sagte, in so viel Abneigung gewickelt. Nora stand in der dunklen Hütte, verabscheute sie und schaute die Gegenstände an, die undeutlich an der Wand zu sehen waren. Da gab es trockene Maiskolben, die vom Dach herunterhingen, und Ruß, der das braune Strohdach der Hütte in ein tiefes Schwarz tauchte, und ein paar kleine Hacken hingen an den Lehmwänden. Sie fühlte sich unbehaglich und spürte, daß sie kein Recht hatte, hier zu sein. Doch das war ihre Farm, diese Menschen waren nur Squatters, und sie konnte sie wegschicken, wann immer es ihr paßte. Mit dieser Rechtfertigung wich Nora nicht aus der strohgedeckten Hütte zurück, in der James' Kinder geboren waren.

»Sag James, daß ich ihn sprechen möchte, sobald er nach Hause kommt.« Sie befahl. Doch sie spürte, daß sie keine Geheimnisse haben konnte vor dieser Frau, die sie ohne Angst anschaute.

»Das können Sie ihm selbst sagen, Madam.«

James war in den spannungsgeladenen Raum getreten, war dann fast sofort mit der weißen Frau mitgegangen, der Hund ihnen voraus.

James gab nicht nach, belastet mit der Verantwortung, die er für seinen jungen Bruder hatte, der ein Stück Land für seine neue Familie brauchte. Was sollte er machen ohne Land, auf dem er Getreide anbauen konnte? Er ging auf die Veranda zu, wo er Nora hatte sitzen sehen, und weil er gesehen hatte, daß sie allein war, nutzte er die Gelegenheit, mit ihr zu sprechen. Er hockte bescheiden unter dem Vordach, bis Nora sich umdrehte und ihn ansah. Es war ein unbehaglicher Moment, als ihre Augen sich trafen, und sie wußten beide, daß diesmal, koste es, was es wolle, eine Entscheidung getroffen werden mußte.

»Ich bitte Sie um noch ein Stück Land, für meinen Bruder. Er hat sich eine Frau genommen.«

Als seine Worte auf ihre Ohren trafen, kannte sie ihre Nachricht bereits, erwartete sie. Ihre Antwort kam ihr schnell und abwehrend über die Lippen.

»Warum fragst du mich? Warum fragst du nicht den Baas?«

Sie schlug viele unmögliche Handlungen vor, nur um ihn herauszufordern, so daß er sich dumm vorkam. Doch er blieb hartnäckig und sah nicht auf den Boden, wenn er mit ihr sprach, und sie deutete das als ein Zeichen.

»Warum kannst du die Familie nicht von dem Land ernähren, das wir dir gegeben haben? Wir haben dir schon genug Land gegeben, um deine ganze Familie zu ernähren.«

Er wollte ihr nicht erklären, daß es sehr wenig Land war, daß es dornig und unfruchtbar war und daß dort nicht viel gedeihen konnte.

Der Buschkrieg, von dem sie beide wußten, ließ James' Bitte wie eine Herausforderung klingen, ein Abwerfen der Einschränkungen, die zwischen denen bestanden, die dienten, und denen, die sie bedienten. Sie fürchtete eine Auflösung der Geschichte, die sie nicht länger beherrschen konnte. Die Bitte, die sie zwischen seinen Augen sah, war wie ein Anspruch.

Sie haßte ihn dafür, ihr Unbehagen zu bereiten. Wenn sie ihm sagte, daß sie es sich überlegen würde, würde er glauben, sie hätte ein festes Versprechen gegeben. Sie mußte sofort entscheiden, was zu tun war, und er sollte ihr Zögern nicht bemerken, er durfte die Furcht, die sie zu überwältigen drohte, nicht sehen. Der Siedler mußte eine Art oberflächliche Freundschaft mit den Squatters aufrechterhalten, um seine eigene Sicherheit zu schützen.

In ihren Gemälden von Afrika hielt Nora die Blumen und Bäume und Vögel fest, aber es war ihr nicht möglich, die schwarzen Gesichter zu malen. Also wies sie ihnen Rollen zu, die sie für sie aussuchte, und es war nicht nötig, ihre Gesichter zu sehen. Sie sah sie gebückt bei der Arbeit auf der Farm den Mais ernten, und sie trugen Körbe mit Obst auf ihren Köpfen. Sie sah sie hinter Feuern und hinter großen Kalebassen mit Bier, und sie malte sie als Tupfen um eine Gruppe von Hütten. Nora hängte ihre Bilder von Afrika niemals an die Wände.

»Ich bitte Sie nur, uns ein Stück Land zu leihen, das mein Bruder und seine junge Frau nutzen können. Sie möchten eine Hütte bauen und ein bißchen Getreide anpflanzen.«

Charles trat auf die Veranda, sein blondes Haar fiel ihm über die verschwitzte Stirn. Er hatte das Gespräch durch die Tür gehört und gewartet, um zu hören, wie Nora damit umgehen würde. Sein Glaube an ihre Unfähigkeit wurde durch ihre langen Pausen bestätigt, wenn der Eingeborene redete.

»James, laß die Madam in Ruhe. Ich werde später mit dir reden. Geh jetzt.«

Abgewiesen – James erhob sich mit schwerem Herzen aus seiner hockenden Position. Warum war es so mühsam für ihn, ein Stück Land zu bekommen, auf dem Getreide angebaut werden konnte, ein Stück, das nicht einmal genutzt wurde. Charles richtete seinen Ärger gegen Nora.

»Warum läßt du die Eingeborenen unverschämt zu dir sein? Laß sie nicht so mit dir reden. Du mußt dir ihre unangebrachten Forderungen nicht anhören.«

Charles war eigentlich nicht auf Nora böse, an der er seinen Ärger ausließ. Er konnte ihre Geduld nicht ausstehen und meinte, sie verrate ihn vor den Schwarzen.

»Ich mußte ihn anhören, Charles. Ich habe dir erzählt, daß er gestern hier war. Wie lange sollen wir die Wahrheit vor uns herschieben? Wir müssen uns vorbereiten.«

»Es gibt keine Wahrheit außer der, die wir zulassen. Die Eingeborenen können weder unsere Geschichte beeinflussen, noch wie wir uns verhalten, oder wie wir uns entscheiden.«

»Wie werden wir auf seine Bitte reagieren? Was sollen wir tun? Wirst du ihnen das Stück Land geben?«

»Ich werde ihnen das Stück Land geben. Es gehört immer noch mir, und daran werde ich James erinnern. Aber das ist das letzte Mal, daß ich diese Art Forderung erlauben werde. Laß sie nicht so mit dir reden, Nora. Erlaube es ihnen nicht.«

Charles war voller Befehle. Er spann imaginäre Räume in der Luft, und er hörte nicht den rauschenden Fluß, der das Ufer mitriß. Er konnte nicht aus dem

Nebel hervortreten und der Geschichte erlauben, ihn zu erniedrigen. In seinen Augen standen feindselige Tränen, als er zu ihr heruntersah, und sie fürchtete ihn. Der dunkle Rauch am Rande der Farm stieg hastig in den Himmel, und den fürchtete sie noch mehr.

Die Nachricht von dem abgeschossenen Flugzeug kam am Morgen im Radio. Es wurde berichtet, daß alle Passagiere getötet worden waren.

Die Squatters, die kein Radio besaßen, hörten die Nachricht einige Tage später von einem Durchreisenden. Der alte Mann hörte die Nachricht an seinem Platz unter dem Schutzdach, und er schüttelte seinen Kopf heftig, als ob ihn die Fliegen plagten. Diese Nachricht bestätigte, daß die Afrikaner tatsächlich über Waffen verfügten, die bis in den Himmel reichten und die Maschine des weißen Mannes herunterholen konnten. Es überraschte ihn, daß das möglich war, aber er wußte nicht, ob er sich freuen sollte. Was würden die Weißen tun, nachdem sie auf diese Weise herausgefordert worden waren? Würden sie nicht den Tod von so vielen der Ihren rächen? Es erschreckte den alten Mann, weiter darüber nachzudenken oder sich vorzustellen, welche Taten Wut auslösen konnten. Dies waren wirklich harte Zeiten, und der alte Mann fragte sich, ob er genug Zeit hatte, das Ende der Krise zu erleben. Die Stimmen der Kinder, die irgendwo spielten, drangen schwach durch den Schatten zu ihm. Sie spielten ein Spiel, bei dem sie Steine in ein Loch zählten.

Hinter den Kindern stand der Mais, hoch und glänzend gewachsen, goldene Köpfe winkten zum Himmel, und ihre Quasten deuteten darauf hin, daß die Maiskolben bald reif sein würden. Die Stengel waren stark gewachsen, bereit, die Maiskolben zu stützen, die schwer sein würden, wenn sie reif waren. Die gewölbten Blätter waren breiter und länger. Es gab auf den Feldern nicht viel zu tun, außer zu warten. Die Familie verbrachte die Zeit bei ihren eigenen Hütten, kümmerte sich um ihre kleinen Gärten, außer James, der noch im Farmhaus arbeiten mußte.

MaMoyo, die auch Mavis genannt wurde, mochte ihr Leben auf der Farm nicht. Das Wissen, daß mehrere Generationen der Familie ihres Mannes ohne Ergebnis auf dieser Farm gearbeitet hatten, verstärkte ihre Unzufriedenheit. Sie sagte sich, daß sie sich vor allem um ihre Tochter sorgte, die, so fürchtete sie, auch auf der Farm würde arbeiten müssen wie sie selbst. Sie wollte eine andere Zukunft für ihre Tochter. Vielleicht würde die Schulbildung sie erlösen aus diesem fortgesetzten Muster, das fast zu seiner eigenen Tradition wurde, obwohl alle ein Leben haßten, in dem sie nichts besaßen.

Die Stadt – ihre Tochter würde Arbeit finden in der Stadt, die mit einer anderen Art Freiheit lockte. James wollte ihre Meinung nicht hören. Mavis war einmal in der Stadt gewesen, bevor sie geheiratet hatte, um eine Tante zu besuchen. Ihre Tante lebte in einer kleinen Hütte am Rande der Stadt. Die Menschen in der Stadt hatten nicht viel Geld, das stimmte, aber sie erschienen ihr freier. Ihre Familie war auf dieser Farm nicht erwünscht, obwohl sie erhebliche Arbeit leistete. Wanderarbeiter, so dachte man, waren leichter unter Kontrolle zu halten, weil sie dringend Arbeit brauchten und Fremde in diesem Land waren.

Der alte Mann verabscheute das Leben auf der Farm und wünschte, er könnte in seine Heimat zurückkehren, aus der er als Junge vertrieben worden war.

»Du bist zu alt für eine solche Reise«, sagten sie zu ihm. »Du würdest eine solche Reise nicht überleben.«

Aber er ließ nicht locker, und sie hatten aufgehört, ihm zuzuhören. Warum war er nicht zurückgekehrt, als er jünger war und seine Füße stark genug waren, ihn zu tragen? Warum mußte er sie mit diesen unerfüllbaren Wünschen belästigen? Der alte Mann trauerte, während er unter dem Schutzdach hinter der Hütte saß. Er hatte auch auf dieser Farm gearbeitet, aber er hatte sich hier nie zu Hause gefühlt.

Der Maisbrei kochte auf der Feuerstelle, und die Kinder spielten draußen und rannten im Kreis um den Hof. MaMoyos alter Wunsch war wieder da – sie in eine Schule in der Stadt zu bringen. Dort gab es bessere Lehrer, und ihre Kinder würden mehr lernen. Die Lehrer in den Buschschulen hatten kaum ihre Prüfungen bestanden.

»Da bist du ja. Ich habe mich schon gefragt, wann du nach Hause kommst.«

Sie schaute von ihrer Arbeit am Feuer auf und fühlte sich wegen der Dinge, an die sie gedacht hatte, unbehaglich.

»Es ist doch noch gar nicht so spät. Gibt es etwas, was ich für dich tun soll?«

Sie wandte sich wieder dem Feuer zu, das sie mit einem breiten Stock schürte.

»Ich dachte, wir könnten ein bißchen reden. Hast du gehört, daß ein Flugzeug abgeschossen wurde?«

Jetzt sah sie auf, und er wußte, daß sie noch viel mehr sagen wollte. Es wäre unhöflich, die Unterhaltung fortzusetzen, während er wie ein Fremder in der Tür stand. Er verringerte die Distanz zwischen ihnen, indem er einen Hocker heranzog und sich nahe zu ihr setzte, wo sie am Feuer saß, ihre Beine unter sich gekreuzt. Bevor er antwortete, gab es eine lange Pause, in der er seinen Sitzplatz richtete, und das machte den Eindruck, als ob er gründlicher über ihre Frage nachdenken würde.

»Moses hat mir davon erzählt. Viele Menschen wurden getötet, alle, die im Flugzeug waren. Ihre Körper waren verbrannt. Ich frage mich, was jetzt passieren wird. Man sagt, die Menschen sind sehr aufgebracht, in der Stadt.«

Er beobachtete sie vorsichtig, während er sprach, sie aber sah ihn nicht an, sah nur auf das Feuer, das eine blaue Flamme zwischen sie warf. Als ihre Antwort kam, wurde sie langsam und vorsichtig ausgesprochen. Sie wollte ihn nicht verärgern.

»Aber genauso wird ein Kampf geführt. Wahrscheinlich wird noch Schlimmeres passieren. Meinst du nicht?«

Er war überrascht, daß sie bereit war, das Verhängnis abzutun als etwas, das sie nicht betraf. Dennoch stimmte er ihr zu, denn wahrhaftig war Schlimmeres zu erwarten.

»Ich nehme an, es wird noch mehr Blutvergießen geben. Ich bin froh, daß wir nicht in der Stadt sind, wo die meiste Wut herrscht. Ich frage mich, wie es sein muß, in der Stadt zu leben, an einem Tag wie diesem.«

Es war klar, daß er nicht in der Stadt sein wollte. Es ging dabei nicht um das Flugzeug, sondern darum, daß er lieber hier war. Sie teilte seinen Stillstand nicht und wollte ihm sagen, daß sie seine Unbeweglichkeit ablehnte. Warum sollten sie nicht von dieser Farm wegziehen können?

»Ich glaube immer noch, daß unsere Kinder es besser hätten, wenn wir in die Stadt ziehen würden. Ihre Zukunft wäre sicherer. Warum sollen sie nur dazu heranwachsen, auf dieser Farm zu arbeiten? Wer weiß, wie lange es dauern wird, bis diese Unabhängigkeit, die wir uns für das Land wünschen, endlich kommt? Wir können beide schon alt sein, wie dein Vater da unter dem Dach, und unsere Kinder werden für uns sorgen, genau hier auf dieser Farm.«

Sie legte den Stock hin, mit dem sie im Feuer gestochert hatte, raffte ihre Kleider zusammen, stand auf und ging zur Wand, wo sie einen Topf von einem Nagel nahm. Sie konnte nicht still sitzen, solange sie seine Ablehnung und seinen Widerwillen spürte. Es war eine kleine Hütte, und sie hatte nicht viel Platz, sich zu bewegen, weg von ihm.

»Die Dinge werden sich bald ändern. Davon bin ich überzeugt. Es gibt für uns keinen Grund, wegzuziehen.«

Sie wußte, er würde nicht von seinem Standpunkt abweichen, und sie wünschte, sie hätte die Diskussion gar nicht erst angefangen. Sie setzte sich wieder, um höflich zu ihm zu sein, obwohl sie nach draußen ins Freie gehen wollte.

»Ich finde, wir sollten weggehen, um unsere Kinder zu beschützen. Es wird nicht leicht für uns dort sein. Aber denk an die Kinder. Denk dran, wieviel sie durch unser Tun gewinnen werden. Wir können beide dort Arbeit finden, um unsere Kinder zu versorgen.«

Sie wußte, daß sie nur mit dem Wind redete, denn er wollte nicht zuhören.

»Die Arbeit wäre nicht anders als die, die wir hier haben, außer daß wir nicht mehr mit unserer Familie zusammen wären. Sollen wir die Kinder von ihrer Familie wegnehmen?«

Er sah nicht, daß sie auch jetzt nicht ihre Familie hatten, daß jeder von ihnen einen Groll hegte, der sie unvollständig machte. Sie hatten nichts, was sie einander geben konnten, nichts, was nur ihr eigenes war.

»Wir können zu Besuch herkommen und sogar Geschenke für die Familie mitbringen.«

Er antwortete ihr rasch, als ob sie den Verstand verloren hätte. Er war ungeduldig mit ihr, obwohl er es lieber nicht gewesen wäre, weil sie es ihm übelnahm.

»Was soll unsere Familie mit Geschenken? Werden sie ihnen ihre Würde zurückgeben? Weißt du, wie grausam das Leben in der Stadt sein kann? Manche Leute haben keine Arbeit, sie schlafen auf den Straßen. Nicht alle Kinder, die dort aufwachsen, werden Lehrer. Was ist mit deiner Tante? Wie bezahlt sie ihre Miete, wenn sie keine Arbeit hat? Ist das das Leben, das du dir für deine Kinder wünschst?«

»Meine Tante hatte nichts gelernt, als sie in die Stadt ging. Meine Kinder werden in die Schule gehen, das sollte sie doch wohl von dieser Art Leben abhalten?«

»Aber du kannst es nicht sicher wissen, oder? Hier weiß ich zumindest, daß meine Kinder würdevoll aufwachsen können und die Älteren respektieren. Wir sollten warten und sehen, was das für Veränderungen sind, die es geben wird, denn ich bin überzeugt, daß das, was jetzt passiert ist, Folgen haben wird.«

Das Verlangen, ihre Kinder vorankommen zu sehen, lastete auf ihr, und sie beachtete die Hoffnung nicht, die er aufrechthielt, an die sie nicht glauben konnte. Es war leichter für sie, an Taten zu denken als an Warten und Nichtstun. Hatten sie nicht lange genug gewartet? Wenn sie wegziehen könnte, hätte sie etwas erreicht. Wenn sie ihre Schwierigkeiten nehmen und an einen neuen Ort bringen könnte, dann wäre sie zufrieden. Warum mußte er ihr diese Hoffnung in Aussicht stellen und sie gegen sie richten? Jedesmal, wenn sie an den alten Mann dachte, sah sie, wie töricht es war, seiner Hoffnung nicht nachzugehen. Der alte Mann war nicht in sein Dorf zurückgekehrt, obwohl allein der Anblick des Ortes ihn schon glücklich gemacht hätte. Selbst wenn er vor fünf Jahren aufgebrochen wäre, er wäre vielleicht dort angekommen. Jetzt sprach er ununterbrochen den Namen dieses weitentfernten Ortes aus, den keiner von ihnen gesehen hatte.

»Du möchtest also, daß wir warten?«

Sie sprach leise, fast zu sich selbst, und er antwortete ihr nicht. Da es klar war, daß das Gespräch beendet war oder daß er nichts mehr sagen wollte, ging sie hinaus und lief ein wenig umher. Er schätzte die Vergangenheit mehr als die Gegenwart und sah sie in der Zukunft wiederholt. James' Geschichte war ihr eine Last und verletzte sie – und die Kinder. Er war kein tatkräftiger Mann, und er tat ihr leid. Die Zeit würde ihnen nicht entgegenkommen, sie mußten ihr entgegengehen, wenn sie ihr heil begegnen wollten. Die Gegenwart, so wie sie sie lebten, würde sich nicht mit Warten zufriedengeben. Er war unbeweglich, wie sein Vater, den sie jeden Tag vom Schutzdach zur Hütte und von der Hütte zum Schutzdach tragen mußten, jeden Tag. James genoß seine Hoffnung auf Entschädigung, die er mit der Zukunft näherkommen sah. Bis dahin mußte ihr Leben sich dahinziehen, und sie mußten in den Ruinen der Vergangenheit leben, die sie immer mit sich trugen. Warum mußten sie gefangen sein in der Erinnerung eines alten Mannes, der nicht gehen konnte? Das Ansehen der Vergangenheit war für die Frau durch die erschütternde Demütigung ihrer Armut vernichtet worden. Sie fürchtete, sie würden sich in der Zukunft nicht wiedererkennen, weder wie sie zu sein glaubten, noch wie sie zu sein hofften.

Unabhängigkeitstag

»Zurückgehen! Zurückgehen!« riefen die Polizisten.

Heute standen sie in Reihen an der Hauptstraße in der Stadt, weil sie den Prinzen sehen wollten, der von England gekommen war, um ihnen ihr Land zurückzugeben. Um Mitternacht.

Die Frau verkroch sich in den grünen Raum in ihrem Kopf und wartete. Die Kinder, die früher aus der Schule entlassen worden waren, standen an einem Stück offener Straße, über ihren Köpfen hielten sie Bücher, die tintige Schatten in ihre Gesichter warfen. Die Sonne schien hell auf die Teerstraße. Ein Polizist stand auf dem breiten, gelben Mittelstreifen, seine steife Mütze erkundete die Weite. Polizisten in schweren, braunen Stiefeln und Khaki-Uniformen hielten Gewehre und Schlagstöcke und wiesen die Kinder an, zurückzutreten. Der Prinz von England würde nicht gern bedrängt werden.

Auf der anderen Seite der Straße, unter dem hochragenden Eukalyptusbaum, tanzten Frauen und sangen traditionelle Lieder. Schweiß rann ihnen über die Gesichter, während sie die Zukunft begrüßten. Die Polizisten, mit Gewehren und Schlagstöcken, sagten ihnen, daß sie hinter die Menschenmenge treten oder sich mit den anderen aufstellen sollten. Einer gab ihnen kleine Fahnen, mit denen sie winken konnten, eine neue Fahne für eine neue Nation. Während sie auf den Prinzen wartete, der von seiner Mutter, der Königin, geschickt worden war, hielt die Frau einen Zweig eines Jakarandastrauches über ihr müdes Gesicht und blieb in dem grünen Raum in ihrem Kopf geschützt.

Eine Limousine kam die Straße hinuntergefahren, die mit berstenden, lilafarbenen Jakarandabäumen gesäumt war. Kinder fingen an zu schreien, weil sie glaubten, es wäre die sehr bedeutende Persönlichkeit, die aus dem weitentfernten England gekommen war, um ihnen ihr Land zurückzugeben. Die Frau beobachtete, wie das Auto näher kam, und hörte dann, wie die Aufregung abklang. Das war nicht der Augenblick. Es war nur ein gewöhnliches Auto.

»Wir werden nicht wissen, in welchem Auto der Prinz sitzt, wenn er endlich vorbeifährt«, sagte ein Mann. »Aus Sicherheitsgründen. Doch wir müssen allen Autos winken, die vorbeifahren. In einem von ihnen sitzt der Prinz.«

»Heißt das, wir werden den Prinzen nicht sehen?« fragte die Frau perplex. Sie war sehr früh aufgewacht, um den Mann zu sehen, der die Macht hatte, ihnen ihr Land zurückzugeben. Sie hörte die Sirenen und sah Polizisten auf Motorrädern vorbeirasen, denen einige Wagen langsam folgten.

»Zurückbleiben! Zurückbleiben!« riefen die Polizisten den aufgeregten Studenten zu, die ihre Arme ausstreckten und vor dem Strom der vorbeifahrenden Fahrzeuge ihre Fähnchen schwenkten.

»In welchem Auto sitzt der Prinz?« fragte die Frau.

»Ganz bestimmt nicht im ersten oder zweiten, aus Sicherheitsgründen«, antwortete der Mann. »Und bestimmt nicht im letzten, das wäre zu offensichtlich.«

Dann mußte er im dritten sein. Die Frau starrte angestrengt durch die stark getönten Scheiben, sah aber nichts. Trotzdem winkten und schrien alle. Sie sahen nur ihre eigenen, aufgeregten Gesichter, unterbrochen von den sich widerspiegelnden lilafarbenen Jakarandablüten. Auf genau dieser Straße hier mußte der Prinz wirklich vorbeigefahren sein. Wenn sie ihn nicht gesehen hatten, hatte er sie vielleicht gesehen. »Haben Sie den Prinzen gesehen?« fragten sie einander auf dem Heimweg. Manche von ihnen würden ihn später sehen, im Stadion, um Mitternacht. Die Frau würde nicht hingehen.

Der Mann behielt einen Arm um die Frau gelegt, während er mit dem anderen eine Flasche mit kaltem Bier hielt. Er hatte den Fernseher an und bestand darauf, erst die Unabhängigkeitsfeier anzusehen. Er hatte ihr bereits das Geld gegeben, und sie bewahrte es verknotet in einem gelben Taschentuch auf, das sie an den Träger ihres Büstenhalters gebunden hatte. Das Stadion, normalerweise reserviert für Fußballspiele, war bis auf den letzten Platz besetzt. Zuerst wurden traditionelle Tänze in der Mitte des Stadions aufgeführt. Die Frau zog sich in den sicheren Raum ihrer Gedanken zurück und sah die Bilder über den Bildschirm ziehen.

Der neue Premierminister hielt eine lange Rede, und die Leute klatschten und schrien. Sie erhoben jubelnd ihre Fäuste. Der neue Premierminister sprach in ein Mikrophon. Die Frauen tanzten weiter, während der Premierminister sprach. Die Leute schwenkten ihre Fahnen, als ihnen gesagt wurde, daß sich bald alles ändern würde. Arbeit und mehr Geld. Landbesitz und Ausbildung. Reichtum und Nahrung. Die Frau sah den Prinzen ruhig dasitzen, gekleidet in makellosem Weiß. Es hieß, seine Mutter konnte nicht kommen. Doch in diesen Angelegenheiten war er genau so wichtig wie seine Mutter. Der neue Premierminister sagte etwas über den Prinzen, und alle jubelten.

Der Mann, der auf den Bildschirm schaute, ging in die Küche, um sich noch ein Bier zu holen. Er würde die Unabhängigkeit richtig feiern: mit kaltem Bier und einer Frau. Nun war es zehn Minuten vor Mitternacht. Sie muß sich ausziehen. Über den Bildschirm flimmerten die letzten Minuten. Der Prinz und der neue Premierminister gingen zu dem hohen Fahnenmast in der Mitte des Stadions. Die alte Fahne flatterte in der Luft, die neue hing darunter. Der Mann drängte die Frau auf den Boden. Er würde mit Stil und Triumph in das neue Zeitalter eintreten. Sie breitete ihre Beine aus. Es war Mitternacht, und die neue Fahne wurde gehißt. Die wunderbare Zeit der Veränderung. Grün, gelb, weiß. Nahrung, Reichtum, Versöhnung.

Als er fertig war, schickte er sie nach Hause. Er zog es vor, das ganze Haus für sich zu haben, wenn er wach wurde. Sie hatten sich unter den Jakarandabäumen getroffen, während sie auf den englischen Prinzen warteten.

Am Morgen sah sie Miniaturfahnen in der Hecke gefangen: die alte Fahne und die neue.

Der Schuhmacher

»Klopf lauter! Er ist da!«

»Woher weißt du das? Er antwortet nicht. Die Tür ist abgeschlossen.« Das Mädchen rüttelte energisch am Türgriff, doch er gab nicht nach. Sie verzog ihr Gesicht gegen die brennende Sonne, durch die sie gegangen waren. Glänzende Metallarmreifen klirrten an ihrem rechten Arm, als sie den Griff losließ. In ihren Ohrläppchen waren lange Schlitze, von denen große, dreieckige Ohrringe an ihrem bloßen Hals herabbaumelten.

»Ich weiß, daß er da ist. Ich kann das Essen riechen. Er hat gegessen.« Das zweite Mädchen ging um den Laden herum und versuchte durch das Fenster zu schauen, doch es war vor Schmutz undurchsichtig. Sie rieb kräftig mit einem Taschentuch, das sie zerknüllt in der Hand hielt und auf das sie mehrmals spuckte, über die Scheibe. Ihre Bemühungen, das Fenster zu putzen, waren jedoch vergebens, und sie ließ davon ab. Der Schuhmacher hatte sich nicht die Umstände gemacht, eine Gardine anzubringen. Wenn er ungestört sein wollte, hängte er eine Zeitung vor das Fenster. Und das geschah nur, wenn er für ein paar Tage verreiste, um seine Verwandten auf dem Land zu besuchen. Dazu legte er sich im Dunkeln auf das kleine, quietschende Bett und verreiste in Gedanken. Er kam immer an. Vor den Frauen prahlte er mit der Fähigkeit, auf diese Weise zu reisen. Es wäre leichter, als Gräber aufzugraben, sagte er. Seine Verwandten waren im Krieg umgekommen.

Die Tür ging plötzlich auf, und die beiden Mädchen traten überrascht zurück, obwohl sie darauf beharrt hatten, daß der Schuhmacher wirklich da wäre. Die meisten Kunden des Schuhmachers waren Frauen.

»Wir wären beinahe wieder gegangen. Warum schließen Sie sich ein, am hellichten Tag? Wir wären beinahe wieder gegangen.« Das Mädchen zuckte mit den runden Schultern, um ihre Unzufriedenheit auszudrücken. Sie war groß, und ihr Haar war mit dickem, schwarzem Garn dicht an ihrem Kopf entlang zu einem Muster geflochten, so daß man da, wo das Haar zusammengezogen war, ihre Haut sehen konnte. Ihre Augen, die fröhlich funkelten, schweiften vertraulich über den Schuhmacher. Sie verspottete ihn ein wenig mit der Art, wie ihre Augen über ihn wanderten, forschend. Sie trug ein rotes Kleid mit sehr vielen traurigen schwarzen Tupfen.

»Aber Sie sind nicht gegangen, oder?« Der Schuhmacher lachte leise in sich hinein und rieb sich die Augen, um sich an das Licht zu gewöhnen. Er zog einen kleinen Holzhocker von der Wand weg in die Hütte. In seinem Laden war es sehr dunkel. Nur durch die offene Tür fiel Licht herein. Das Licht schnitt quer durch den Raum, ohne irgendeinen bestimmten Gegenstand zu erhellen. Das Dach des Ladens war so niedrig, daß man sich tief bücken mußte, um hineinzugehen. Drinnen konnte sich ein Besucher nirgendwo hinsetzen. Die dritte Person mußte sich vor die Tür hocken. Den größten Teil des Raumes nahmen Schuhe ein. Frauenschuhe. Man fragte sich, ob die Frauen, die ihre Schuhe hierher gebracht hatten, jemals wiederkamen, um sie abzuholen.

Das zweite Mädchen betrachtete den Schuhmacher interessiert und fand ihn seltsam und anziehend mit seinem exzentrischen Leben in der Hütte. Sie trug ein schwarzes Kleid, obwohl die Sonne heiß war und es die Hitze anzog. Es war ein altes Kleid, mit ausgefranstem Saum, doch sie schien sich seines Alters kaum bewußt zu sein. Ihr Gesicht war sehr ernst, und nach ihrem stürmischen Klopfen an der Tür sagte sie nicht mehr viel.

»Ich mag rote Schuhe. Ich nähe sie immer zuerst«, sagte der Schuhmacher, als er die Schuhe der beiden Frauen an sich nahm, und sah sich dann nach seiner Schnupftabakdose um. Es lagen mehrere rote Schuhe auf seinem kleinen Bett. Die Wände des Ladens waren aus Zinkplatten gebaut. Mittags waren die Platten sehr heiß. Wenn es kühler wurde, gegen Abend, hörte man sie knacken. Der Schuhmacher redete mit sich selbst, während er arbeitete. Er saß im Licht an der Tür und tauchte den Rest des Raumes in Dunkelheit.

»Warum sitzen Sie nicht draußen? Sie sitzen immer in der Tür. Sie sollten draußen sitzen, wo es kühler ist«, schlug die Frau im roten Kleid vor.

»Ich bin lieber drinnen. Sie nicht?« Der Schuhmacher starrte das Mädchen an, fragend. Er meinte nicht seinen Laden.

»In Ihrem Laden?« fragte das Mädchen skeptisch und lachte.

»In meinem Laden«, sagte der Schuhmacher und verließ die Mädchen, um zu reisen. Der Krieg machte es ihm jedoch schwer, an das Dorf vor seiner Verwüstung zu denken. Ab und zu gelang es ihm, einen Augenblick lang seine Mutter Wasser am Fluß holen zu sehen, während er mit seinem Großvater hinter der Hütte saß und schnitzte. Ein kleiner Zweig sorgte dafür, daß das Wasser auf ihrem Kopf nicht überschwappte. Immer wieder staunte er, wie sie ihre Last frei balancierte, ohne sie mit den Armen zu halten.

»Uns gefällt es besser hier draußen, in der hellen Sonne«, beharrte das Mädchen. Sie meinte sich selbst, bezog aber ihre schweigende Partnerin mit ein, damit ihre Feststellung überzeugender klang. Warum sagte ihre Freundin nichts, um sie gegen diesen Mann zu unterstützen, den sie absurd fand.

»Aber dies ist nicht Ihr Laden«, sagte er spöttisch. Die beiden Mädchen sahen sich an. Dann sahen sie beide zum Schuhmacher, der damit beschäftigt war, den Faden durch die Nadel zu ziehen, überrascht, daß er so stolz auf einen so schäbigen Ort wie diesen sein konnte. Er lehnte seinen Kopf weiter zur Tür hinaus, um für seine Arbeit genug Licht zu haben.

Die beiden Frauen waren müde vom Stehen und fingen an, sich aneinander anzulehnen. Das Mädchen im roten Kleid legte ihren Ellbogen auf das größere Mädchen, und beide beobachteten den Mann immer noch neugierig. Es war spät nachmittags, und sie hatten bis zum Abend nicht viel zu tun, bis sie nach Hause eilen würden, um etwas zu essen vorzubereiten. Das große

Mädchen zog die Brauen zusammen. Sie mochte es nicht, wenn ihr die Sonne in die Augen schien. Der Schuhmacher pfiff eine Melodie. Er hatte es endlich geschafft, den Faden durch die Nadel zu ziehen.

»Warum sind Sie nicht verheiratet?« fragte das große Mädchen. »Haben Sie Angst vor Frauen?« Er antwortete nicht gleich, sondern setzte seine Arbeit fort. Er schien die Frage nicht einmal gehört zu haben. Vielleicht hatte er sie schon oft gehört.

»Es ist leicht, eine Frau zu heiraten. Es braucht Mut, allein zu sein. Es braucht Mut, am Leben zu bleiben. Manchmal.« Er sah immer noch nicht von seiner Arbeit auf. Das stille Mädchen durchforschte das Gesicht des Mannes und spürte dem nach, was die Traurigkeit in seine Stimme gebracht hatte, denn diese war unverkennbar. Doch sie sagte immer noch nichts oder wollte nichts sagen.

»Es ist nicht leicht, eine Frau zu heiraten«, beharrte das große Mädchen. »Erst mal müssen Sie eine Frau finden, die Sie heiraten will.« Sie schleuderte ihre Hände geringschätzig dem Schuhmacher entgegen, verspottete ihn.

»Und Sie glauben, das wäre in dieser Township schwer?« fragte der Schuhmacher. Er sah kurz von seiner Näharbeit auf. Er betrachtete prüfend seine Umgebung und schien überzeugt, daß jede Frau sie angemessen finden würde.

»Ich würde nicht mit all diesen Schuhen leben wollen und den Kunden, die den ganzen Tag an die Tür klopfen«, sagte das große Mädchen, als besäße sie ein

Geheimnis, das der Mann nie würde erraten können. Sie lachte nervös.

»Ich habe Sie nicht gebeten, mich zu heiraten«, sagte der Schuhmacher sanft.

Er hielt den roten Schuh liebevoll in seinen Händen. Es schien ihm Schmerzen zu bereiten, die Nadel durch das Leder zu drücken. Er biß sich auf die Unterlippe, als er an der dicken Nadel zog. Es war heiß in der Hütte, und an seinen Ohren entlang lief der Schweiß. Er wischte ihn mit seiner Schulter ab, indem er seinen Arm ein wenig hob und seinen Kopf beugte.

»Warum leben Sie nicht woanders, in einem Haus? Mit Verwandten oder Freunden. Warum leben Sie in Ihrem Laden?« fragte das große Mädchen.

»Meine Verwandten sind begraben. Mir gefällt es in meinem Laden.« Er stand auf und verschwand in die Dunkelheit des Ladens. Er suchte etwas unter seinem Bett, und als er es gefunden hatte, kam er zu seinem Hocker an der Tür zurück und setzte sich wieder. Sein Gesicht war fest zusammengezogen, als drohte etwas in ihm zu zerbrechen. Er hielt den Schmerz einer alten Erinnerung zurück, die er zwischen seinen zitternden Händen hielt. Das große Mädchen, ihre lebhaften Augen waren plötzlich leer, dachte an die Männer, die sich in den Busch aufmachten. So viele Männer. Ihr Bruder war gegangen, sogar ohne sich von ihrer Mutter zu verabschieden oder von ihr. Sie fragte sich, ob sie auch gehen sollte. Nach Hause gehen und das Abendessen vorbereiten. Der Schuhmacher hielt eine alte, vergilbte Zeitung, die sein Dorf zeigte, nachdem es von den Sicherheitstruppen geplündert und niedergebrannt worden war. Einige Bewohner seines Dorfes waren beschuldigt worden, mit Freiheitskämpfern zusammenzuarbeiten. Er war entkommen, knapp.

»Da gibt es nichts, zu dem Sie zurückkehren können«, sagte das große Mädchen. »Nichts. Und Sie sind ein guter Schuhmacher.« Sie schaute weg zu der Frau mit dem Baby auf dem Rücken, die auf der anderen Straßenseite ging. Warum weinte das Baby so sehr?

»Alles verbrannt, verbrannt, verbrannt«, sagte der Schuhmacher, als wollte er das Bild, das sich ihm aufdrängte, verbannen. Er warf die Zeitung auf das Bett und nahm den roten Schuh wieder auf. Es war leichter, mit einem alten Schuh zurechtzukommen als mit einer alten Erinnerung.

Das große Mädchen ermüdete durch das Gewicht ihrer Freundin auf ihrer Schulter, und sie schüttelte sie ab. Vielleicht hatte sie das Schweigen ihrer Freundin das Gleichgewicht verlieren lassen in dieser Sache, die sie zwischen sich und dem Schuhmacher provoziert hatte. Warum sagte sie nichts? Sie war sonst nicht so still. Sollten sie nicht nach Hause gehen, fragte sie.

»Ich bin noch nicht bereit, nach Hause zu gehen«, antwortete das Mädchen und brach ihr Schweigen. Sie fand eine Stelle auf dem Boden, wo sie sich mit dem Rücken zum Schuhmacher hinsetzte. Sie hielt die Falten ihres schwarzen Kleides zwischen ihren Beinen, ihr Gesicht war ausdruckslos.

Geschälte Erdnüsse

»In Deckung! In Deckung!«

Die kleinen Jungen rennen mit Kalaschnikows durch die Straßen und die Höfe. Sie schießen durch die Hekken und schreien, wenn sie sich auf den Boden fallen lassen, stehen dann wieder auf, um sich feindlich gegenüberzustehen. Sie verziehen ihre Gesichter und machen sie so teuflisch wie möglich. Sie wollen gemein und gnadenlos aussehen. Sie imitieren das Ratatat-Geräusch der Schußfeuer. Die Mädchen schauen zu und lachen fröhlich, wenn die Jungen sich auf dem Boden rollen und sich hinter hohen Gräsern und imaginären schützenden Felsen verstecken.

»Du schummelst. Ich hab ›In Deckung!‹ gesagt, aber du bist weiter gerannt. Du weißt nicht, wie man dieses Spiel spielt. Wenn ich ›In Deckung!‹ sag, mußt du dich hinlegen und verstecken. Es bedeutet, daß ich auf den Feind schießen werde, oder sonst wird der Feind schießen.«

»Wir sollten noch einmal anfangen. Wir brauchen mehr Leute, um das Spiel spannend zu machen. Laßt uns die Mädchen rufen, damit sie mitspielen, dann können wir zwei Gruppen bilden.«

»Mädchen wissen nicht, wie man kämpft, und sie heulen, wenn man sie schubst. Ich glaub nicht, daß wir die Mädchen in unsere Gruppe holen sollten.«

»Nicht alle Mädchen heulen, wenn man sie schubst. Rebecca heult nicht. Laßt sie uns rufen, dann sind wir zu viert.«

»Meine Mutter hat mir erzählt, daß auch ein paar Frauen kämpfen gegangen sind und daß sie große Gewehre tragen und mit den Männern kämpfen. Ich habe in *The African Times* Bilder von toten Frauen gesehen, die von Soldaten getötet worden sind. Mein Onkel zeigt sie uns immer. Das heißt, wir müssen die Mädchen rufen, damit sie mitmachen.«

»Na gut. Aber laßt uns erst beschließen, wie wir das Spiel spielen. Ihr beide seid die Soldaten, und ich werde mit Rebecca der Rebell sein. Zuallererst müßt ihr uns sagen, was eure Forderungen sind, dann werden wir sie zurückweisen. Ihr müßt dann weggehen, und wir werden anfangen zu kämpfen. Wenn wir schießen und ihr nicht ›In Deckung!‹ gesagt habt, seid ihr gefangen. Wir müssen auch die Bananenblätter als Helme tragen und unsere Gesichter anmalen. Was sind eure Forderungen?«

»Wir wollen mehr Geld. Wir möchten wissen, warum ihr mit eurer Maschine nicht genug Geld macht, um allen etwas zu geben?«

Die Mutter beobachtete die Jungen von ihrem Platz im Schatten aus, hörte, wie sie stritten und Beschlüsse faßten. Ihre Wangen bebten leicht, obwohl ihre Augen ohne Tränen waren. Sie hielt ihre Stricknadeln zwischen ihren ausgestreckten Beinen dicht zusammen. Ein Korb mit ungeschälten Erdnüssen stand auf einer

Seite der Matte. Sie beobachtete, wie sich ihre Tochter Rebecca zu den Jungen in ihrem Kampf um Land gesellte, und war bestürzt. War es möglich, daß die Tochter und der Vater in diesem Augenblick dieselbe Handlung ausführten? Sie hatten sich nie kennengelernt. Der Vater und die Tochter.

»In Deckung! In Deckung!« rief die Tochter. Die Frau wurde von Erinnerungen gepeinigt. Sie legte die Nadeln zur Seite, nahm den Korb mit Erdnüssen und schlug ihre Beine unter sich zusammen. Der Schatten war ein bißchen weiter gerückt, und sie stand auf, um ihre Matte auf die andere Seite des Baumes zu legen.

»Du bist tot! Du bist tot!« Die Stimmen der Kinder drangen schrill durch die Luft. Sie tauchten ein in die Hecke, wirbelten kleine Staubwolken hinter sich auf, ihre nackten Füße ragten unter den Schatten hervor.

Die Frau dachte an das Gesicht, an das sie sich erinnerte, tastete in Gedanken die breiten Schultern, die muskulösen Arme ab, und sie hatte Angst. Ein junger Mann, nicht viel älter als sie selbst, damals. Was sollte sie tun, jetzt, wo sie sein Kind trug? Er sagte, er könnte nicht bleiben, weil er sein Weggehen schon geplant hätte. Er hätte nicht gedacht, daß sich ihre Umstände ändern würden, daß ein Baby unterwegs sein würde.

»Ich hab dich erschossen! Du bist tot ... Hör auf, zu schummeln!« rief Rebecca entrüstet. Der kleine Junge lachte nur, drehte sich dann in gespielter Wut schnell um und feuerte, mit zusammengezogener Braue, eine Salve Schüsse auf sie ab. Die Mutter hörte die schrille

Stimme ihrer Tochter, dann den bittenden Ton des Vaters, an den ihre Erinnerung erwacht war.

»Wir werden von vorn beginnen, wenn ich zurückkomme«, hatte er ihr gesagt.

»Wenn du zurückkommst?« wiederholte sie. »Wirst du zurückkommen?« Er schaute runter auf seine Hose, die an den Knien zerrissen war.

»Die, die keine Arbeit haben, müssen gehen. Es gibt da draußen was zu tun.« Er hatte keinen bestimmten Ort im Sinn, nur ein Stück Schlachtfeld im Busch, wo er sich einen Platz einfordern konnte.

»Was soll ich machen«, fragte sie und suchte seine Augen, »alleine?«

Er antwortete nicht. Vielleicht schämte er sich für das, was er nicht für sie tun konnte.

»In Deckung! In Deckung!« Die Gewehre der Kinder schickten metallische Schüsse über die Dächer.

»Wir werden euch auslöschen!« rief die Tochter.

Die Mutter, bestürzt, konnte die entschlossene Stimme ihrer Tochter nicht ertragen. Sie wollte sie rufen und sie zum Einkaufen schicken oder ihr irgendeine Frauenarbeit im Haus geben. Sie sah die Beine ihrer Tochter hinter dem Baum verschwinden, unter dem sie Schatten suchte, und sah einen kleinen Jungen hinter ihr herrennen, in der Hand eine Handgranate.

»Gib auf«, sagte der kleine Junge, während die beiden hinter dem Baum kämpften. Die Mutter schloß die Augen auf der Suche nach dem fehlenden Gesicht.

Der Mann stand auf, wollte gehen, schaute aber immer noch die Frau an, die er das letzte Mal sah. Vielleicht würde sie etwas sagen oder tun, das ihn zum Bleiben bewegen würde. Nicht nur heute, sondern für immer. Aber was konnte sie sagen? Sie war vor vollendete Tatsachen gestellt worden. Sie konnte nicht umgestalten, was ihr vollendet gegeben wurde, bereits außer Reichweite. Nur etwas von dem Mann war bei ihr geblieben, und sie mußte es nähren, in sich. Der Mann starrte die Frau wieder an, wollte sie ein letztes Mal berühren, doch er wollte, daß sie den ersten Schritt machte, sich selbst gab. Sie aber wollte das nicht, und so ging er.

Die Toten standen auf und gingen. In der Mittagshitze rannten die Kinder in Kreisen herum, ihres Spiels überdrüssig. Sie lachten über sich und über die Unsinnigkeit ihres Zeitvertreibs. Die Mutter hatte die Erdnüsse in einen kleinen Korb geschält, den sie sicher zwischen ihren Knien hielt. Jedes der Kinder zog sich in seine eigene Welt zurück, als es im Schatten der grünen Hecke lag und seine Energie zurückgewann.

»Du bist tot! Du bist tot!« Die Kinder machten sich lustig über den Zusammenbruch ihrer Phantasievorstellung, als sie das Spiel beendeten, und die Mutter begrüßte die Stille, die darauf folgte.

Die Mutter wußte, daß sie, sobald sie sich ein anderes Spiel ausgedacht hatten, alle begeistert aufspringen würden, wenn sie Lust dazu hätten. Sie rief Rebecca und schickte sie mit den geschälten Erdnüssen ins Haus.

Es ist schwer, alleine zu leben

Es war nicht immer möglich, frisches Gemüse auf dem Markt zu bekommen, aber Rudo ging trotzdem gern dorthin, um mit den anderen Frauen zu quatschen. Jede Verkäuferin hatte einen kleinen Stand, auf dem Zwiebeln, Tomaten, Kohl und Kartoffeln geordnet waren. Die Tomaten waren zu ordentlichen Pyramiden aufgebaut, die die Aufmerksamkeit möglicher Kunden auf sich zogen. Die Frauen drängten sich in den Ecken, wo sie quatschten und laut lachten, ihre Stände im Auge behielten und aufsprangen, wenn zufällig ein Kunde vorbeikam.

Manchmal kam die Verkäuferin erst dann näher, wenn man weitergehen wollte, weil sie hoffte, ihre Bewegung würde einen dazu veranlassen, etwas bei ihr zu kaufen. Wenn man jedoch trotzdem weiter ging und am nächsten Stand etwas kaufte, blieb die Frau, die man zurückgelassen hatte, stehen und beobachtete die ganze Prozedur. Man konnte ihre Augen spüren, und man wurde ganz nervös und wünschte sich, daß sie endlich etwas Scheußliches sagen würde. Die Frau am neuen Stand hatte dann vielleicht kein Zeitungspapier mehr für deine Tomaten und mußte zu der anderen Frau gehen, die dich anstarrte. Also wartete man noch länger und fragte sich, warum es so schwierig sein konnte, ein paar Tomaten zu kaufen.

Es freute Rudo, zu sehen, daß die Frauen ein großes Feuer am Rande ihrer Stände brennen hatten, denn es war ein kalter Tag. Da kam auch MaDube an, eine große Schüssel mit getrocknetem Fisch auf ihrem Kopf balancierend, ihre Arme locker an den Seiten. Sie war eine große, mächtige Frau, die auch keine Angst hatte, ihre Meinung zu sagen. Die Leute flüsterten, daß sie bei der Anwerbung von Freiheitskämpfern engagiert war. Als Frau war sie den Behörden weniger verdächtig. Dennoch ging das Gerücht um, daß Frauen sogar ausgebildet wurden, um im Busch mit den Männern zu kämpfen. Es war sonderbar, solche Berichte zu hören. MaDube lachte ausgelassen und erzählte den anderen Frauen, wie es ihr gelungen war, ihr Geld von einem Mann zu bekommen, der bei ihr Fisch auf Kredit gekauft hatte und ihr seitdem ausgewichen war. MaDubes Arme waren selbstbewußt auf ihre Taille gestützt, während sie die Geschichte theatralisch erzählte. Alle in der Gruppe lachten. »Na ja, laßt mich meinen Fisch auf meinem Stand ausstellen. MaMoyo, hast du heute etwas verkauft?« fragte sie, schon mit ihrem eigenen Tun beschäftigt.

MaMoyo erholte sich von ihrem Lachen und antwortete nach einer langen Pause, in der sie tief Luft holte: »Überhaupt nichts. Dazu kommt, wenn ich es heute nicht schaffe, etwas zu verkaufen, kann mein Sohn morgen nicht in die Schule gehen. Sein Schulgeld ist fällig.« MaMoyos Lachen war verklungen, und als sie sich bückte und ein Stück Holz auf das Feuer warf, knisterte es und brannte in hellen Flammen auf.

MaMlambo sagte mit trauriger und freudloser Stimme: »Es ist ein so kalter Tag. Ich wünschte, ich müßte nicht den ganzen Tag damit verbringen zu warten. Ich wünschte, es würde was passieren, irgendwas. Ich hab keine Lust mehr zu warten. Wo sind die Kunden? Manchmal frage ich mich, ob ich jemals genug verdienen werde.« Ihre Worte waren an keine bestimmte Person gerichtet, und sie trieben unbeachtet davon.

MaMpofu klopfte energisch ihre Röcke, als wolle sie sie von Staub oder rauchiger Luft befreien, und sagte dann: »Man sagt, daß sich eines Tages etwas ändern wird. Daß wir alle mehr zu essen haben werden und daß die Schule bald nichts mehr kosten wird.« Jetzt lagen ihre Arme bewegungslos auf ihren übereinandergeschlagenen Beinen. Ihre Augen waren auf MaSibanda gerichtet, die sofort das sagte, was ihr in den Sinn kam.

»Es ist schwer für mich, ohne einen Mann im Haus zu leben, aber wir müssen alle stark sein.« Sie streckte ihre Hände aus und hielt ihre Handflächen an die züngelnden Flammen. Sofort zog sie sie zurück und ging vorsichtig von der Flamme weg, unsicher, wieviel Abstand sie zwischen sich und dem Feuer halten sollte.

Rudos Aufmerksamkeit ging von einer Frau zur anderen, und sie fing das, was sie sagten, mit Interesse auf. Sie hatte nicht das Gefühl, sie wegen des Einkaufs unterbrechen zu müssen.

»Weißt du, diese Frau MaNdlovu, die immer herkommt, ist unfruchtbar«, sagte MaMlambo. »Sie kann ihrem Mann keine Kinder gebären. Es ist fürchterlich, unfruchtbar zu sein. Das Schlimmste ist, wenn du stirbst und nie ein Kind mit deinem Mann hattest, werfen sie eine Ratte in dein Grab, nur um zu zeigen, wie nutzlos du warst. Wie kannst du behaupten, eine Frau zu sein, ohne die Freuden und Schmerzen einer Geburt zu kennen? Eine Frau, die nie ein Kind an ihrer Brust genährt hat, ist keine ganze Frau.«

»Unfruchtbar! Das ist fürchterlich. Sie muß sich sehr schämen. Wenn ich unfruchtbar wäre, wüßte ich nicht, wie ich leben sollte. Ich könnte nicht mit erhobenem Kopf vor andere Frauen treten.« MaMpofu schüttelte ihren Kopf heftig, um ihren Standpunkt zu betonen, und schlug ihre Handflächen bestürzt gegeneinander. Das genügte nicht, MaSibanda ins Gespräch zu ziehen.

»Ich habe keinen Mann. Es ist schwer, alleine zu leben. Ich wünschte, ich hätte einen Mann im Haus. Es ist so hart, eine Frau zu sein und alleine zu sein.« Die Flammen brannten nieder. MaSibanda näherte sich kurz den glühenden Kohlen, zog sich dann zurück, als sie merkte, daß das Feuer heißer war, als sie es sich vorgestellt hatte. Die Hitze änderte sich ständig, und entsprechend änderte sie ständig ihre Position. Sie beschloß, so nah wie möglich ans Feuer zu gehen, bedeckte dann ihre Beine mit dem Stoff ihres Kleides, den sie an den Seiten zusammenraffte und vorn übereinanderlegte.

MaMpofu ging um den Stand von MaDube herum, legte ein paar Tomaten anders hin und fügte hinzu: »Ich habe sechs Kinder, und das nächste ist unterwegs. Wenn ich eines nicht bin, ist es unfruchtbar ... und doch, wenn ich einem Mann erst erzählt habe, daß ich sein Kind erwarte, seh ich ihn nie wieder.«

»Ich habe vier Kinder, aber mein Mann hat meine jüngere Schwester geschwängert, die bei uns wohnt. Wir haben nur ein Zimmer, in dem wir leben, und es gibt keine Privatsphäre. Ich glaube, darum wurde mein Mann dazu verleitet. Man sagt, ein Mann ist wie ein Hund, man kann kein Stück Fleisch herumliegen lassen und erwarten, daß er es nicht fressen wird.« MaMlambos Gesicht war angewidert verzogen, sie sah aus, als würde sie gleich auf den Boden spucken. Rudo ging auf die andere Seite des Standes und setzte sich neben MaDube, die angefangen hatte zu stricken.

MaSibanda hielt einen langen Stock in der Hand und stocherte gedankenverloren im Feuer. Sie warf ein paar Apfelsinenschalen aus der Tasche ihres Kleides ins Feuer. Sie beobachtete, wie sie sich langsam wanden und zischten und zu brennen anfingen. Sie bewegte ihren Körper weg von dem beißenden Rauch. Sie näherte sich dem Feuer von der anderen Seite und ging näher als vorher heran, um den kalten Wind auszugleichen, den sie an ihrem Rücken spürte. »Wie sehr wünsche ich mir, einen Mann zu Hause zu haben. Es ist schwer, alleine zu leben. Es ist schwer, eine Frau zu sein und alleine ohne Mann zu leben.« Das Gespräch ging ohne sie weiter.

MaMpofu konnte nicht zulassen, daß dem Mann allein die Schuld gegeben wurde. »Ich glaube, deine kleine Schwester wußte genau, was sie tat. Wenn ich du wäre, würde ich sie sofort aus dem Haus werfen. Meine sechs Kinder haben alle einen anderen Vater, aber das ist nicht meine Schuld, weißt du, jeder Vater ging, kurz bevor sie geboren wurden. Aber ich habe meine Arbeit als Frau getan.«

MaDube, die eine Weile still gewesen war, warf ein: »Dies ist eine schwere Zeit, ein Kind auf die Welt zu bringen. Jede Frau, die einen Sohn aufzieht, zieht einen Soldaten auf. Es ist schwer für eine Frau, ein Kind aufzuziehen, das vielleicht in die Erde zurückkehren muß. Es ist schwer für Frauen, Söhne für Männer zu gebären, die weggehen, Männer, die vielleicht nicht da sein werden, um sie aufwachsen zu sehen. Fragt MaMoyo hier, deren Mann weggehen mußte. Rudo, was möchtest du kaufen und für deinen jungen Mann kochen?«

»Der getrocknete Fisch ist gut. Ich nehme auch ein paar Tomaten. Es ist ein kalter Tag, und es ist gut, daß ihr das Feuer an habt.« Das Gespräch der älteren Frauen hatte Rudo nachdenklich gestimmt.

»Setz dich und rede eine Weile mit uns. Erzähl uns von deinem jungen Mann. Ihr jungen Leute seid so geheimnisvoll. Habt ihr vor, bald schon Kinder zu haben? Wenn du damit Schwierigkeiten hast, brauchst du ein Mittel, das dich reinigt, damit du empfangen kannst.«

»Oder vielleicht braucht sie etwas, um die Sache in Schwung zu bringen, verstehst du?« MaMoyo, die von der anderen Seite des Standes aus zuhörte, rief ihre Meinung dazwischen. Alle lachten wissend, und Rudo war verlegen.

»Das ist es überhaupt nicht. Ich würde gern ein Kind haben, aber ich habe wirklich Angst. Es gibt so viele Frauen ohne Männer, aber mit vielen Kindern. Ich will nicht eine von ihnen sein. Das Land ist in einem Zustand der Verwirrung. Wer weiß noch, was die Regeln sind? Wer weiß, was man tun soll? Wer weiß, was wirklich wichtig ist? Wir kennen nur unseren Verlust und unsere Angst und unser Schweigen. Wir wissen, wir sind Frauen, von denen erwartet wird, Kinder zu gebären. Wir wissen, daß Kinder zu gebären Leiden mit sich bringen wird. Dieses Land muß getränkt werden mit dem Blut unserer Kinder und dem Salz unserer Tränen, bevor wir es unser eigenes nennen können. Was soll ich meinem Kind von seinem Vater erzählen, der abwesend ist?«

»Du redest wie eine Erwachsene«, antwortete Ma-Dube. »Es ist keine Zeit für kindliche Ängste oder Hoffnungen oder Träume. Frauen sind das Rückgrat dieses Kampfes. Wenn Leute wie du unfruchtbar sind, weil sie Angst haben, zu welchem Ergebnis wird das führen? Laß das Leben durch dich hindurch fließen, mein Kind. Wir brauchen Söhne, die den Platz von denen einnehmen, deren Leichen ohne richtiges Begräbnis daliegen. Unsere Söhne werden diejenigen sein, die den Kampf weiterführen, denn wer weiß, wie lange er dauern wird. Die Erde ist sehr böse. Das Land muß gereinigt werden, es ist zu sehr belastet mit dem Blut junger Menschen. Es war niemals der Fall, als unsere Vorfahren lebten, daß der Tod junger Männer vor dem Tod alter, unfähig gewordener Männer eintrat. Wir müssen das Blut, das auf dem Land fließt, mit der frischen Milch reinigen, die aus unseren Brüsten fließt. Das ist unsere Aufgabe, als Frauen und als Mütter.«

»Du sprichst wirklich gut, MaDube, aber deine Worte geben mir keinen Trost. Was ist mit unseren Töchtern. Werden sie Männer finden, die sie heiraten?«

»Der Tag kann näher sein, als du glaubst. Nimm diese Zwiebeln und geh nach Hause, um sie für deinen Mann zuzubereiten. Es ist ein kalter Tag, und Männer mögen es, nach der Arbeit eine warme Mahlzeit zu bekommen.«

MaSibanda hielt den Stock mit festem Griff in ihrer Hand und stocherte in der grauen Asche, die die Glut bedeckte. Sie warf den Stock weg und kreuzte ihre Arme über ihrer kalten Brust. Die Luft um ihre Ohren zitterte.

»Ich wünschte wirklich, ich hätte einen Mann zu Hause. Es ist so schwer, alleine zu leben. Ein Mann würde so viel ausmachen in meinem Leben.«

»Ich habe mich immer davor gefürchtet, herauszufinden, wohin alle meine Männer gegangen sind«, sagte MaMpofu. »Ich sitze einfach an meiner Tür und warte. Stellt euch vor, wenn nach Kriegsende meine sechs Ehemänner zu mir zurückkommen!«

Der Mond auf dem Wasser

Die Geräusche wechselten sich in der Nacht ab: lautes, schnarrendes Schnarchen und Urin, der in einen Nachttopf rauschte.

Der Nachttopf war kein Porzellanmodell aus der Fabrik: Er war ein Meisterstück handwerklicher Arbeit. Man konnte das Auf und Ab des Familienvermögens schätzen, wenn man ihn sich nur ansah. Wenn er etwas Neues und Glänzendes hatte, hatte die Familie gerade eine Dreiliterbüchse Speiseöl aufgebraucht. Auf dem fettgedruckten Etikett, *Olivine* oder *Roil,* konnte man lesen, wie großzügig der Kauf gewesen war. Wenn das Öl in der Büchse weniger wurde, fiel es schwer, nicht an eine ähnlich üble Flüssigkeit in der gleichen Farbe mit penetranterem Geruch zu denken. Diese Büchsen waren nicht stark und rosteten leicht. Großvater schnitt den oberen Teil ab, indem er ihn stetig mit einem kleinen Messer bearbeitete. Wenn er fertig war, sah der obere Rand der Büchse bedenklich scharf aus.

Der Topf nahm einen stolzen Platz am Kopfende des Bettes ein. An Tagen, an denen Großvater vergaß, die Büchse auszuleeren, bat Großmutter einen von uns, es zu tun. Es war schwer, den Topf vom Gesicht wegzuhalten, weil er keinen Griff hatte, und man mußte die beißende Flüssigkeit umarmen, die bedrohlich gegen den Rand schwappte. Großvater produzierte eine unglaubliche Menge Urin. Manchmal mußte er den Behälter mehrere Male in der Nacht ausleeren, wobei er den ätzenden Topf zwischen seinen Handflächen wie ein Ahnengefäß hielt und über unsere Köpfe hinwegtrug.

Im Haus werden meine Augen zu dem Ziegenfell gezogen. Es liegt neben dem Bett. In seiner Jugend hatte Großvater an Tuberkulose gelitten und war gesund geworden. Aber die Gewohnheit, auszuspucken, hatte er beibehalten. Die ganze Nacht hatte er das Bedürfnis, auszuspucken. Er rollte sich im Bett, lehnte sich vor und spuckte aus, dann rollte er sich in den Schlaf zurück. Das Ziegenfell wechselte zwischen Phasen der Nässe und Trockenheit, bis das Haar büschelweise herausfiel. Wenn es haarlos war, suchte Großvater ein neues Ziegenfell. Das Haar des Ziegenfells vor mir war zum Teil durch trockenen Schleim verfilzt oder lag in einer dünnen Masse zusammen. Manchmal stand Großmutter morgens auf, holte sich draußen einen Stock und schob dann das Ziegenfell nach draußen, wo es in der brennenden Sonne trocknen konnte. Wenn man das erste Mal in ihr Zimmer kam, sagte sie immer: »Nicht auf Großvaters Ziegenfell treten.« Einmal war sie krank, und als die Frauen von der Kirche sie besuchen kamen, wedelte sie ständig mit den Armen hin und her, ihre Brust tat zu weh, um zu sprechen. Alle gingen in dem Glauben, sie hätte den Heiligen Geist gesehen – Großmutter aber konnte es nicht ausstehen, wenn jemand auf das Ziegenfell trat.

Wenn wir an neuen Orten ankamen, zu denen wir gereist waren, um Verwandte zu besuchen, sammelte

Großvater an dem Ort Erde auf und ließ sie auf seiner Handfläche liegen. Wie ein Frosch hockend – die typische Haltung, in der die Ahnen angesprochen werden –, mischte er die Erde mit dem Wasser. Von diesem lehmigen Wasser ließ er uns dann trinken. Es war eine Initiation und ein Ritual, die uns mit der neuen Umgebung vereinten und den Geist befreiten. In die Unschuld der Kindheit eingeschlossen, fühlten wir uns sicher, fühlten wir uns glücklich, während der sanfte Geruch verwesender Pflanzen unsere Nasenlöcher kitzelte.

Die Nachricht, daß Großvater gestorben ist, hat uns gerade erreicht. Er hatte die fremde Atmosphäre der weißgetünchten Wände und das Interesse dieser weißgekleideten jungen Leute, die ihn mit ihren Instrumenten belästigten, zurückgewiesen. Wo blieb die Würde im Tod, wenn man nicht bei sich zu Hause war? Sein Tod war nicht vom ruhelosen Muhen des Leitbullen im Kral seines Dorfes angekündigt worden. Statt dessen hatte sein Atem ihn mitten am Tag verlassen, ohne jede Zeremonie.

Ich versuche mühevoll, mich an Großvater zu erinnern. Es ist nicht so, als ob ich ihn vergessen habe, doch kämpft etwas in meinem Geist dagegen an, sein Bild aufzurufen. Meine tiefe Konzentration führt mich, absurderweise, zu seinen Zehen. Sie schienen sich aus Trotz und Protest gegen die Vorstellung, von einem Paar Schuhe eingeengt zu werden, zu spreizen. Ich habe oft überlegt, ihm Schuhe zu kaufen, doch die

Erinnerung an diese mißbilligenden Zehen hatte diese Absicht zunichte gemacht. Ein dunkler Punkt auf dem Nagel des großen Zehs hatte Großvater inspiriert, sich mehrere Geschichten auszudenken, von der jede unwahrscheinlicher war als die vorherige. Eine Geschichte nächtlichen Zaubers fing immer mit einem Hinweis auf den dunklen Punkt an: Er war das Kennzeichen eines großen Stammes, der vor langer Zeit verschwunden war, manchmal war er das Zeichen eines Hexenfluches, er bedeutete, daß Großvater einmal ein Leopard gewesen war. Er war auch der Fluch eines jungen Mädchens, das er wegen Großmutter verlassen hatte.

Ich höre das Geräusch des Zuges, der vorbeifährt. Es klingt nicht vertraut, unterbricht meine Bemühungen, mich zu erinnern, und ich gehe nach draußen und stehe im Obstgarten. Die Straßenlampen leuchten auf und werfen einen gelben Schein über die dunkle Schotterstraße. Insekten fliegen an der Straße auf und werden zu einem ständig wachsenden Ball fliegender Wesen, die gegen die längliche Neonlampe fliegen. Das Licht wirft unsichere Strahlen auf die breiten Mangoblätter und gibt ihnen eine düstere Farbigkeit, die mich an den Tod erinnert. Das Innere meines Mundes fühlt sich trokken an, als hätte ich eine Handvoll Staub geschluckt. Ein Hund bellt in der Ferne, und eine Schar aufgeschreckter Vögel fliegt geschlossen unter dem Baum auf, wo große, verfaulte Mangos den Boden mustern.

Großvater konnte es nicht rechtfertigen, sich von zwanzig Cent zu trennen, um sich eine neue Zahnbürste zu kaufen. Er gebrauchte eine Zahnbürste so lange, bis alle Borsten herausgefallen waren. Es war schmerzhaft, ihn dabei zu beobachten, wie er mit dem bloßen Plastikgriff bürstete, mit unverzagtem Eifer. An einem einzigen Tag konnte er seine Unterschrift auf eine neue Zahnbürste setzen: Die Borsten waren in der Mitte getrennt und zeigten in alle Richtungen.

Vor einer Woche saß mein Großvater mit mir auf der Veranda und aß Mangos: Gelber Saft rann an rauhen, runzligen Fingern entlang, fand einen Weg durch die Furchen des faltigen Fleisches an seinen Händen, und ich beobachtete, wie der Saft in dem braunen Jackett verschwand. Jetzt gehe ich zur Veranda, auf der Suche nach diesem flüchtigen Moment.

»Ich wünschte, ich wäre im Dorf geblieben. Dieses Leben in der Stadt war schwierig für mich. Als dein Vater starb und deine Mutter in die Stadt verschwand, fragte sich deine Großmutter, ob wir es schaffen würden, vier Enkel aufzuziehen. Aber wir haben es geschafft, und ihr seid hier. Wenn mir irgend etwas passiert, möchte ich gerne zurückkehren. Das ist mein einziger Trost.« Ich antwortete ohne Interesse und sagte nebenbei zu meinem Bruder Tafadzwa, er solle das Radio ausschalten. Der Zementboden der Veranda trägt keine Erinnerung an den Tag, als die Safttropfen zu großen, klebrigen Flecken auf dem Boden wurden.

Traurige, gelbe Lichtstrahlen von den Straßenlampen werden zu geraden, schmalen Streifen, die glitzern und glänzen, wenn sie in die kleinen Wasserpfützen fallen, die noch in den Furchen an der unfertigen Straße stehen.

Großvater ging barfuß, seine schlotternden Khakihosen an den Rändern ausgefranst. Einmal war er krank, und wir hatten ihn zum Krankenhaus gebracht. Er hatte darauf bestanden, daß er lieber zum Krankenwagen, der am Tor wartete, gehen wollte, als sich auf der Tragbahre tragen zu lassen, die die Männer in weißen Kitteln mitgebracht hatten.

Wir hatten darüber gesprochen und beschlossen, daß er, ginge er zurück, um auf dem Land zu leben, nicht die Medikamente hätte, die er für seine Krankheit brauchte. Der bewaffnete Kampf hatte sein Dorf vernichtet, es gab keinen Trost dort.

Ich bin länger draußen gewesen, als ich gemerkt habe. Der Himmel füllt sich mit unzähligen glitzernden Sternen. Der weiße, blendende Mond spiegelt sich in einem Eimer Wasser. Ich tauche meine Hand ein und sehe, wie sich das Spiegelbild kräuselt und verschwindet und das Mondlicht in glänzende, feuchte Teile zerbricht. Als das Wasser still wird, sehe ich das Bild des Mondes wieder. Ich bewege das Wasser sanft, und wieder glitzert sein Licht und verliert seine Form. Als ich das Wasser noch einmal zur Ruhe kommen lasse, kann sich das Mondbild nicht wieder sammeln. Oben am Himmel sehe ich, daß sich der Mond hinter einer Wolke versteckt hat.

Ein Gewitter

Die Küche roch nach Fisch. Als Tsitsi die Zwiebeln in die Pfanne fallen ließ, zischte das Öl. Sie trat von der spritzenden Flüssigkeit zurück und stieß dabei gegen Dube, ihren Schwiegervater, der gerade hereinkam.

»Vorsicht, mein Kind. Das Essen riecht wirklich gut.«

»Ach, nur ein bißchen Fisch, den ich auf dem Markt geholt habe.« Tsitsi war heute nicht fähig, viel zu sagen. Sie hatte den ganzen Tag darüber nachgedacht, ob sie Kinder haben wollte, und ihre früheren Überzeugungen waren weggewischt worden. Ihre Unfähigkeit, sich überhaupt zu entscheiden, ob sie jetzt schon ein Kind bekommen sollte, frustrierte sie.

Die grelle gelbe Farbe, die sie für die Küchenwände benutzt hatten, gab dem Raum einen unnatürlichen gelben Schimmer. Ponderayi, ihr Mann, hatte die dicke Neonfarbe von den Straßenarbeitern gekauft, die gekommen waren, um die Markierungen auf die Straße zu malen. Dem Angebot hatten sie nicht widerstehen können, doch die Farbe begann schon abzublättern.

»Glaubst du, wir hätten die Farbe von der Straße nehmen sollen, um die Wände zu streichen?« fragte Tsitsi. »Es sieht häßlich aus jetzt. Unsere Wände leuchten den Menschen entgegen, die die Straße runtergehen.« Tsitsi war verwirrt. Es war nicht fair, dieses kleinliche Urteil zu fällen, wenn sie schon nicht protestiert hatte, als die Farbe aufgetragen wurde. Dube schaute sich die Farbe an, ohne Emotion. Die Glühbirne wurde dunkler und ging aus, tauchte das Zimmer in Dunkelheit.

Tsitsi öffnete das Fenster und zog die Gardinen zurück, um das Licht der Straßenlampen hereinzulassen. Es floß in einer geneigten Bahn in die Mitte des Zimmers.

»Ich werde eine Kerze suchen«, sagte Dube und ging von der Küche ins Schlafzimmer. Sie hörte ihn fluchen, als er gegen ein Hindernis in der Dunkelheit stieß. Kurz darauf kam er zurück; sein Weg wurde von der kleinen, flackernden, blauroten Flamme einer kurzen Kerze erhellt. Die Kerze, die kein großzügiges Licht gab, kämpfte mit trübem Flackern gegen die Dunkelheit. Gelbe Flecken sprangen unregelmäßig von der Wand, je nachdem, ob das Licht gerade größer oder kleiner wurde. Es schien aufzuspringen und an der Wand zu züngeln, dann kurz zu ruhen, bevor es den Vorgang noch einmal wiederholte.

Ein Windstoß überraschte sie. Er blähte die Gardine, die über einem Stück Stahldraht hing, das mit zwei Nägeln an der Wand befestigt war. Die Gardine löste sich aus ihrem losen Halt an der Wand und fiel auf den Zementboden herunter. Sand rann aus den Nagellöchern. Obwohl Tsitsi immer gewußt hatte, daß die Gardine befestigt werden mußte, überraschte sie der Zwischenfall. Sie stand da und starrte auf den zusammengefallenen Stoff, den sie im Schein des Kerzenlichts kaum ausmachen konnte.

Die Gardine hatte schon viele Leben gehabt. Da sie direkt neben der Spüle hing, benutzten sie sie alle, um sich die Hände abzuwischen. Tsitsi hob den brüchigen Stoff auf. Wortlos zog sie den Stahldraht heraus, der durch den gesäumten oberen Rand des Stoffes ging, suchte eine Stelle an der Wand, an die sie den Draht legte, und faltete die Gardine dann zusammen.

Tsitsi schaute durch das offene Fenster und hörte dem schrillen Geräusch der Grillen zu, das die Nachtluft erfüllte. Sie traute sich nicht, irgendwas zu Dube zu sagen. Warum war Ponderayi so spät dran? Eine große Kalebasse brach im Himmel auf und goß Wasserströme ins Zimmer. Tsitsi zog das Fenster zu.

»Das wird ein großer Sturm«, sagte Dube. »Ich hoffe, Ponderayi ist bald zu Hause.« Er schaute über die hohe Hecke in der Hoffnung, ein Zeichen von Ponderayi zwischen den Leuten zu sehen, die jetzt die Straße hinunterrannten und ihre Kleidung fest an sich hielten.

»Er sollte bald hier sein. Ich mach mir Sorgen um das Abendessen, das ich noch nicht fertiggekocht hatte, bevor wir das Licht verloren haben.« Tsitsi hantierte nervös mit den Töpfen auf dem Ofen.

»Hör auf, dir Sorgen um das Licht zu machen. Wir hätten Holz für den Ofen hereinbringen sollen, bevor der Regen anfing. Vielleicht sollte ich rausgehen und welches holen, bevor es zu naß wird«, schlug Dube zögernd vor.

»Mir ist lieber, du tust es nicht. Du wirst klatschnaß werden, Vater. Ich möchte mich nicht auch um dich sorgen, bevor Ponderayi nach Hause kommt. Glaubst du, er stellt sich irgendwo unter wegen des Sturms? Vielleicht beim Markt?«

»Ich glaube nicht, daß er beim Markt ist. Vielleicht ist er aus dem Bus gestiegen und an der Haltestelle geblieben. Aber vielleicht hat der Regen ihn auch überrascht, als er schon auf dem Weg hierher war.«

Sie standen beide wie angewurzelt am Fenster, von wo aus sie beobachteten, wie der Himmel zornig aufleuchtete. Erbarmungslose gelbe Blitze flammten kurz auf, verschwanden dann und ließen die widerhallenden Echos zurück, die sie auf der Erde, auf der sie standen, spürten. Die Straßenlampen schickten schimmernde Lichtfunken durch den Regen, der zu explodieren und sich in viele Richtungen zu zerstreuen schien.

Der Regen klatschte gegen das Fenster und trübte ihren Blick. Der Himmel wurde dunkel und verschluckte alle Formen. Der Sturm ängstigte und faszinierte sie.

»Der Regen ist vorbei«, dachte Tsitsi. »Er hat nicht lange gedauert.«

Eines der Scharniere hatte sich ebenfalls gelöst, und die Tür hing erbärmlich schief und ließ durch den oberen Teil Licht herein.

Ponderayi stand an der defekten Küchentür und sah Tsitsi an, die am Ofen kniete und in die Glut blies. Ihr Kopf wich mehrere Male vor der intensiven Hitze zurück. Sie nahm einen tiefen Atemzug, der ihre Backen blähte, und blies dann kräftig ins Feuer. Ihr Gesicht glühte von der Hitze. Würde er es ihr sagen können?

»Wie lange stehst du schon da?« fragte Tsitsi, ohne sich umzudrehen und zur Tür zu sehen. Sie hatte sein Spiegelbild auf der blanken Topfoberfläche gesehen.

»Hast du hinten im Kopf Augen? Woher wußtest du, daß ich hier bin?«

»Soll ich dir ein Frauengeheimnis verraten? Es wird kein Geheimnis mehr sein, wenn ich es dir erzähle.«

»Nun ... dann werde ich nicht darauf bestehen. Dein Haar sieht gut aus. Wer hat es dir geflochten?«

»Ich bin zum Markt gegangen. Genug davon. Warum kommst du so spät nach Hause? Wir haben dich früher erwartet. War es der Sturm? Deine Kleidung sieht trokken aus. Ist irgendwas nicht in Ordnung?«

»Nein. Alles in Ordnung. Ich wollte ... ich bin später aus der Fabrik weggegangen. Weißt du, mit dem Busstreik und dann dem Sturm ... ich wollte kein Risiko eingehen.« Ponderayi ging ins Schlafzimmer und sagte, er wolle seine alte Arbeitskleidung anziehen. Er rief aus dem Schlafzimmer: »Hat irgend jemand hier nach mir gefragt?«

»Warum sollte jemand nach dir fragen? Wen hast du erwartet?«

»Ich dachte, ein paar Jungs von der Arbeit würden vielleicht hier vorbeikommen. Das ist alles.«

»Ich habe niemanden gesehen, aber ich war auf dem Markt und kam ziemlich spät zurück. Vielleicht ist also doch jemand hier gewesen.« Tsitsi warf noch ein Stück Holz ins Feuer.

»Ist Vater ins Bett gegangen?«

»Ja. Er sagte, er muß morgen früh aufstehen, um zeitig bei der Arbeit zu sein.«

»Ich mach mir Sorgen um Vater. Er benimmt sich komisch in letzter Zeit. Glaubst du, es ist bei ihm alles in Ordnung?«

»Ich glaube schon. Er ist nicht so komisch, wie du denkst. Er denkt nur zu viel nach und ist von manchen Dingen mehr betroffen, als gut für ihn ist.«

»Glaubst du, er hat mir verziehen, daß ich nicht mit ihm ins Dorf gegangen bin, um seinen Vater zu beerdigen?«

»Vielleicht hättest du es tun sollen, aber er hat mit mir nicht über diese Dinge reden wollen. Er hat es dir nie vorgehalten. Er hat verstanden, daß du deine Arbeit hättest verlieren können, wenn du darauf bestanden hättest, Urlaub zu nehmen, nachdem man ihn dir nicht geben wollte. Warum redest du jetzt davon? Es ist lange her, daß das alles passierte.«

»Ich schätze, es macht keinen Sinn, jetzt davon zu reden. Brauchst du noch mehr Holz? Ich werde die Axt holen und das große Stück Holz zerhacken, das schon so lange hinter dem Haus liegt.«

»Ponderayi, das brauchst du nicht zu tun. Es ist eine Menge Holz da, das schon gehackt ist. Setz dich und ruh dich aus. Das Essen ist fast fertig.«

»Ich möchte es lieber erledigen. Ich bin gleich wieder da.« Er ging aus dem Zimmer.

Tsitsi beobachtete, wie er die Axt auf seine Schulter hob und zur anderen Seite des Hofes ging. Er warf die

Axt auf den Boden und verschwand am hinteren Ende des Hauses. Als er wieder zurückkam, schleppte er ein großes Stück Holz hinter sich her. Er legte das eine Holzende auf ein anderes dickes Stück Holz, um es höher liegen zu haben. Die Axt wurde geschwungen und landete voller Wucht auf dem Holz, das in zwei Stücke zerbarst. Tsitsi hörte das vertraute Geräusch von zerbrechendem Holz, während Ponderayi es in kleinere, handlichere Stücke zerteilte. Etwas schien ihn zu bedrücken, aber sie hatte keine Ahnung, was es war.

»Ich denke, du hast jetzt eine große Menge da draußen«, verkündete er, als er ins Zimmer zurückkam. »Kann ich etwas zu trinken haben?«

Sie reichte ihm etwas zu trinken. Er sah sie einen langen Augenblick an. »Wie spät ist es?« fragte er.

Das Glas war immer noch in Tsitsis Händen. »Das Radio sagte halb acht.«

Es war besser, das Getränk nicht anzunehmen. Wenn er es annähme, wäre es ein Verrat, eine Art Lüge. Also nahm er es nicht.

»Ich muß ein Stück spazierengehen. Es liegt Geld unter dem Kissen.«

Er wartete nicht auf ihre Antwort. Als er sich zum Gehen umdrehte, sah er den Hut seines Vaters durch die offene Tür, die ins andere Zimmer führte. Er nahm ihn, setzte ihn auf seinen Kopf und ging wortlos zur Tür hinaus.

Wessen Baby ist das?

Die Müllmänner fuhren durch die Straßen mit einem großen Lastwagen der Stadtverwaltung, der von einem weißen Mann gefahren wurde. Die Kinder rannten nach draußen, sobald sie ihn kommen hörten. Weil einige von ihnen noch nie in der Stadt gewesen waren, war dies ihre einzige Gelegenheit, einen weißen Mann zu sehen.

Der Lastwagen kam immer mit großem Tempo, und die Kinder sprangen auf und ab mit Schreien der Begeisterung. Drei bis sechs Männer hingen an den Griffen, die an den Seiten des Lastwagens befestigt waren, pfiffen aggressiv oder sangen wilde Lieder ohne Zusammenhang, die sie sich während des Singens ausdachten. Ein großer Teil der Sprache war nicht für die Ohren der Kinder geeignet. Wenn der Lastwagen anhielt – kurz –, sprangen die Männer schnell ab und landeten mit einem lauten, bedrohlichen Geräusch auf dem Boden, das die Kinder in die Sicherheit ihrer Häuser zurückrennen und ihre Daumen in ihre erschrockenen Münder stecken ließ.

»Woza! Woza! Woza!« Die Männer murrten, wenn sie die großen Mülltonnen aus Metall hochhoben, auf ihre Schultern stemmten und liefen, um sie in den gähnenden Lastwagen auszuleeren. Der Lastwagen fuhr los, bevor die Männer die Mülltonnen zurückstellen konnten, so daß sie ständig hinter ihm herrennen mußten. Während die Tonnen hinter ihnen laut schepperten, sprangen die Männer wieder auf den Wagen auf und hielten sich bis zum nächsten Halt an den Griffen fest.

Die Kinder kamen vorsichtig aus ihren Verstecken hervor, um sich die neuen Dellen in den Metalltonnen anzusehen, die so achtlos auf den Boden geworfen wurden. Es war merkwürdig und beunruhigend, daß die Männer, die den Müll holen wollten, diesen, wenn er bereits stank, vor deinem Hof ausleerten. Die Frauen blieben zurück mit offenen Mündern und hielten ihre Röcke. Wenn die Männer um die Ecke verschwunden waren, kamen die Frauen zusammen und fluchten: »Hunde! Hunde! Sie sind kotfressende Hunde!«

Man flüsterte, daß die weißen Männer den Müllarbeitern Drogen gaben, damit sie ihre Arbeit und den stinkenden Müll ertragen konnten, und daß sie darum sangen und herumsprangen und all die verrückten Dinge taten, für die sie bekannt waren. Manche sagten, die Arbeiter wären alle ehemalige Strafgefangene, oder aus psychiatrischen Anstalten geholt worden. Das hinderte die Frauen nicht daran, zu fluchen und zu behaupten, daß sogar der Fahrer ein Verrückter wäre, der anscheinend eines der Kinder überfahren wollte. Hatte er nur sehen wollen, ob ein Schwarzer blutete? Es gab keinen Zweifel daran, daß er die Führerscheinprüfung niemals bestanden hatte. Man hatte ihm den Führerschein einfach gegeben, weil er weiß war. Ein Weißer brauchte keinen Führerschein, um Auto zu fahren, erst recht nicht, um in einem schwarzen Township zu fahren.

Das Mädchen kam atemlos in die Küche gerannt, wo die Mutter über den Herd gebückt stand und das Mittagessen vorbereitete. Das Mädchen stand zitternd da, bis die Mutter zu ihr kam und sich neben sie kniete, so daß sie auf gleicher Höhe waren. Das Mädchen war erschrocken und sagte nichts, während sie die Mutter anstarrte.

»Was hat dich so erschreckt? Hat sich jemand mit dir gestritten?« fragte die Mutter sanft. Das Mädchen fing an zu weinen. Es würde eine Weile dauern, bis die Mutter hörte, was passiert war. Sie war geduldig und ließ das Mädchen noch ein bißchen weinen. Dann setzte sie sie auf einen Stuhl und hielt ihre Hand. Schwarzer Ruß schwebte von der Decke herunter, und auf dem Herd fing das Wasser an zu kochen. Das Mädchen sah erschrocken aus, und die Mutter bekam Angst.

»Sie haben ein Baby in der Mülltonne gefunden, hinter dem Laden.«

Das Mädchen sprach zum Rücken der Frau, die sich umdrehte, um ihre Tochter anzusehen.

»Ein Baby? Woher weißt du davon?« Die Mutter war beunruhigt.

»Die Hunde haben das Baby aus den Mülltonnen hinter dem Laden rausgezogen. Es sah aus wie ein Baby, also haben wir es einer älteren Frau gesagt, die dann kam und die Hunde wegjagte. Wessen Baby war das, Mutter?« fragte das Mädchen.

»Bist du sicher, daß es ein Baby war?« fragte die Mutter noch einmal.

»Das haben die Frauen jedenfalls gesagt, und auch die Polizei, als sie ankam. Wie ist das Baby in die Mülltonne gekommen, Mutter?« Das Mädchen hatte viele Fragen, jetzt, wo sie aufgehört hatte zu weinen.

Die Mutter nahm das Mädchen in die Arme und hielt sie. Wie konnte sie die Angst aus den Augen ihrer Tochter vertreiben? Es war zu früh, um daran zu denken. Erst mußte sie herausfinden, was passiert war. Doch sie sagte: »Ich habe dir gesagt, du sollst nicht hinter dem Laden spielen gehen. Warum bist du dahin gegangen?« Sie brauchte Zeit zum Nachdenken, nicht über das Baby, sondern über das Mädchen. Spielte es eine Rolle, wessen Baby es war? Die Polizei würde das schon früh genug herausfinden. Sie hatte es beinahe selbst getan, als sie merkte, daß sie schwanger war und den Vater nicht davon überzeugen konnte, daß es sein Kind war. Sie hatte keine Arbeit und keine Möglichkeit, ein Kind aufzuziehen. Das Mädchen durfte nicht wissen, was ihr durch den Kopf gegangen war.

»Glaubst du, die Mutter sucht ihr Baby?« fragte das Mädchen und sah ihre Mutter forschend an. Sie verstand nicht, warum ihre Mutter so still war oder warum sie so anders schien, so weit weg. Vielleicht war sie böse mit ihr, weil sie beim Laden spielen gegangen war. Sie hätte nicht hinter dem Laden spielen gehen sollen.

»War das Baby tot, Mutter? Weißt du, ob das Baby tot war?« Das Mädchen verstand es nicht. Die Leute redeten viel vom Sterben, von Soldaten, die sterben. Wenn man ein Soldat war, war man bereit zu sterben, dachte sie, aber Babys waren keine Soldaten, und sie bezweifelte, daß sie bereit waren zu sterben. War es möglich, daß das Baby lebte?

»Warum hast du geweint, mein Mädchen? War das Baby verletzt?« tastete sich die Mutter vor. Sie wischte die Tränen von den Wangen des Mädchens, doch ihr Gesicht war schon trocken. Diese Geste der Mutter brachte das Mädchen fast wieder zum Weinen, und sie hielt die Tränen zurück.

»Die Hunde haben an dem Baby gezerrt, und es war so klein und hatte nichts an«, erklärte das Mädchen. Ein neugeborenes Baby, dachte die Mutter, ein neues Leben. Es machte sie traurig, daran zu denken, aber noch trauriger machte es sie, an ihr eigenes kleines Mädchen zu denken, das sie alleine aufzog.

»Möchtest du mir beim Kochen helfen?« fragte sie das Mädchen, das ihren Kopf schüttelte und sagte, daß sie sich lieber hinsetzen und zugucken wollte.

Nachdem sie gegessen und gespült hatten, saßen Mutter und Tochter draußen auf der Veranda. Menschen gingen hinter der Hecke vorbei, und sie sahen sie in dem gedämpften gelben Schein der Straßenlampen verschwinden. Männer, die aus der Bierhalle, nicht weit vom Haus entfernt, kamen, sangen mit falschen Stimmen, während sie vorbeigingen und nach Hause torkelten. Die Mutter war froh, denn das brachte das Mädchen zum Lachen, und sie fragte, ob der »arme Mann« nach Hause finden würde. Frauen, die Körbe mit Fisch auf ihren Köpfen trugen, den sie an der Bierhalle verkaufen wollten, gingen ebenfalls vorbei. Die Mutter nahm die Hand des Kindes und hielt sie zärtlich in ihrer eigenen.

Am Straßenrand

Der Fluß war eine dunkle, schlängelnde Narbe in der Ferne. Hinter der Hütte meines Vaters war der große Papayabaum umgefallen. Es machte mich traurig zu sehen, wie seine Wurzeln protestierend zum Himmel zeigten. Der Baum war in der Mitte aufgebrochen und enthüllte einen weichen, faserigen Kern. Grüne Papayas lagen überall auf der Erde herum, mit schiefen Rissen in ihren harten, glänzenden Schalen. Mein Gefühl des Verlustes galt nicht den saftigen, gelben Früchten, die der Baum jedes Jahr trug. Schon vermißte ich schmerzlich die Zeiten, in denen ich mich mit dem Rükken an den dicken, kräftigen Stamm gelehnt hatte, um meine Rechenaufgaben zu machen, ein Buch zu lesen oder einfach in der Sonne zu faulenzen. Ich war einmal unvorsichtig auf den Baum geklettert, und der Ast hatte nachgegeben. Mein Onkel hatte gerufen: »Mädchen sollten nicht auf Bäume klettern!« Ich landete auf einem Berg Süßkartoffeln, die gelbe Papaya, die ich pflücken wollte, immer noch umklammert. Die überreife Frucht war an meinem Kleid zerplatzt und schüttete unzählige runde, schwarze Kerne in durchsichtigen, feuchten Bläschen aus.

Und nun, auf dem Weg zur Arbeit, überkam mich dasselbe Gefühl von Staunen und Erwartung: Die Erinnerung an den Sturm gab mir Trost. Ich mußte ein kleines Stück um die Häuser der Township herumgehen, bevor ich auf die anderen Arbeiter treffen würde, die ohne Zweifel die Hauptstraße zur Stadt füllten. Die Busfahrer streikten heute. Anfangs hatte ich überlegt, ob ich mit dem Zug fahren sollte, um auf jeden Fall rechtzeitig zur Arbeit zu kommen. Der Tag war jedoch hell und rief einen auf die Straße: Es wäre Verrat, früh bei der Arbeit zu sein.

Ich hörte das Geräusch des Zuges, als er vorbeiraste. Er schien nicht an unserem Bahnhof gehalten zu haben. Sein Rauch formte eine schwarze Wolke, die sich auflöste und einen dünnen Streifen in der Luft zurückließ. An den kleinen Straßen zwischen den Häusern malten Kinder mit langen Stöcken Bilder in die nasse Erde. Neben einem Entwässerungskanal saßen ein paar Jungen und warfen Stöckchen in das fließende Wasser. Nachdem sie sie in tiefer Konzentration beobachtet hatten, sprangen sie alle gleichzeitig auf, und jeder von ihnen behauptete, sein Stöckchen hätte das Rennen gewonnen. Sie warfen noch mehr Holzstücke hinein und taten so, als wären es Schiffe, die verschiedene Orte »entdeckten«. Einer von ihnen rief, er hätte die Victoriafälle entdeckt, als er sein Kanu über einen großen Holzscheit stürzen sah, der quer im fließenden Wasser lag. Verbittert entgegneten die anderen, nach ihrem Schulbuch wäre David Livingstone der einzige Mann gewesen, der die Victoriafälle entdeckt hatte; du hättest etwas anderes finden müssen, von dem noch niemand wußte. Der Junge war verärgert, beharrte auf seiner Entdeckung und sagte, daß es in Ordnung sei, die Wasserfälle noch einmal zu entdecken, er würde ihnen einen neuen Namen geben. Die anderen forderten ihn auf, ihnen den neuen Namen zu nennen, es fiel ihm aber keiner ein, und er ging eingeschnappt nach Hause.

Ein kleiner Junge kam hinter einer Hecke hervorgerannt, die zwei Häuser voneinander trennte. Ein anderer Junge, ohne Hemd, folgte ihm mit einem schuldbewußten Ausdruck im Gesicht. Er hatte etwas von dem Saft der Hecke in die Augen bekommen. Die Mutter, die ihn schreien hörte, rief ihn auf die Veranda, nahm ihn zwischen ihre Knie und spritzte Milch aus ihrer Brust in die Augen des Kindes. Das Kind wehrte sich kurz, beschämt, daß ihm das vor seinem Freund angetan wurde. Die Mutter brachte ihn fluchend zum Stillhalten und erzählte ihm, daß er blind sein würde, bevor er mit der Schule fertig wäre, und was dann? Sie hatte nicht vor, sich um ihn zu kümmern, wenn er ein alter Mann war.

Stimmen begrüßten mich, als ich zur Hauptstraße kam, die in die Stadt führte. Leute standen herum und wußten nicht recht, was sie tun sollten. Andere bewegten sich schon auf die Stadt zu. Frauen gingen barfuß. Die Erde war feucht und beruhigend, und die Handtaschen der Frauen wölbten sich dort, wo die Absätze ihrer Schuhe hervortraten. Die Leute standen eine Weile herum und redeten aufgebracht von dem Busstreik und von dem Sturm der letzten Nacht, bevor sie anfingen, unaufhaltsam auf die Stadt zuzugehen.

Sie hatten vor, die breite Teerstraße entlang in die Stadt zu gehen. Es war eine lange, kurvige Straße, und an einem heißen Tag konnte man in der Ferne einen kleinen See glitzern sehen, doch wenn man näher kam, verschwand er, und dann sah man ihn wieder. Heute würden sie an dieser Straße entlanggehen, nicht auf ihr, sondern neben ihr. Die Menschen hielten sich am Straßenrand, anstatt direkt auf der Straße zu gehen, obwohl es keinen Verkehr gab. Sie mißtrauten der Straße, als stünde sie für etwas Größeres, Unterdrückendes, gegen das sie kämpften. Die Männer blieben an der einen Straßenseite und die Frauen an der anderen. Die schwarze Straße teilte sie und hielt sie dennoch zusammen. Es war bittere Ironie, am Straßenrand zu sein. Vielleicht würde die Straße verschwinden und aufhören, sie an den Rand zu schieben. Vielleicht würden sie sich in der Mitte treffen, auf einer anderen Straße.

Kinder und ein paar Erwachsene standen um einen Lastwagen herum, der auf der Straße lag, vom Sturm der letzten Nacht umgeworfen. Da sie annahmen, daß der Fahrer noch im Wagen gefangen war, stellten die Leute Fragen, während sie vorbeigingen.

Wir waren etwa eine Stunde lang gelaufen. Das Gespräch verlief nun weniger angeregt, da unsere Glieder anfingen, die Entfernung zu spüren. Es würde noch eine halbe Stunde dauern, bis wir die Stadt erreichten. Ich ging neben einer Frau, die mir erzählte, daß sie als Hausangestellte in den weißen Vororten arbeitete, am anderen Ende der Stadt.

»Niemand wird heute behaupten, ein Fahrrad zu besitzen«, sagte sie. »Ich habe niemanden mit einem Fahrrad vorbeifahren sehen«, fügte sie hinzu, während sie sich umschaute.

»Es ist ein Tag, an dem die Fahrräder stillstehen«, sagte ich. Meine Begleiterin antwortete mit einem leisen, wissenden Kichern.

»Vielleicht wird sich in diesem Land etwas ändern. Jemand wird anfangen zu sehen, wie unsinnig es ist, eine andere Gruppe zu unterdrücken.«

Etwas in der müden Stimme der Frau gab mir Vertrauen: Zum ersten Mal fühlte ich Freude und Erleichterung. Die Sonne kam hervor, und Schirme platzten in den leeren Himmel hinein wie blühende Pflanzen.

Die Polizei und die Soldaten kamen plötzlich und fuhren um die Menge herum, um zu sehen, ob es Ärger gab. Die Soldaten sprangen aus ihren Wagen und stießen uns mit ihren Gewehren an. Sie befahlen uns, die Taschen zu öffnen, und beschimpften uns, weil wir große, verdächtige Gegenstände versteckten. Die Männer mußten ihre Ausweise zeigen. Die Jeeps fuhren hinter uns her, voller Soldaten, die ihre geladenen Gewehre auf uns richteten, bereit zu schießen.

Als wir die Stadt erreichten, schickte die Sonne lange Schatten, um uns zu begrüßen.

Im Verwaltungsbüro

Ihre Arme elegant im Schoß übereinandergelegt, betrachtet die Königin von England die Menschenschlange, die in dem großen Verwaltungsbüro auf ihre Genehmigungen wartet. Ein Teil der langen Reihe steht jenseits der großen Holztüren, und die Männer halten zusammengerollte Zeitungen über ihre Köpfe, um sich vor dem blendenden Sonnenlicht zu schützen. Ich muß im Radioladen zurück sein, bevor meine Mittagspause zu Ende ist, und ich mache mir ziemliche Sorgen, weil die Uhr beständig weitertickt, bevor jemand von den Leuten vor mir bedient wird. Die Königin von England lächelt mich aus ihrem Rahmen an der Wand an. Ich schaue von dem roten Lippenstiftlächeln weg, wenn ich aber wieder hinsehe, hat sich das Lächeln nicht verändert. Es ist besser, den Blick auf das Bild ganz zu vermeiden, trotzdem kann ich immer noch diese Augen hinter meinem Rücken spüren. Eine Genehmigung, meinen Großvater zu beerdigen. Hat sie jemals in einer Reihe warten müssen, frage ich mich. Ihr Kleid antwortet mit glitzernden Edelsteinen auf kunstvoller Stickerei. Die Königin von England hängt den ganzen Tag in einem Büro in der Lobengulastraße, in dem Genehmigungen erteilt werden, und starrt unbeteiligt. Die Reihe bewegt sich ein wenig, und mein Gesicht spiegelt sich in dem goldenen Rahmen, der die Königin hält.

Ein Beamter kommt und stellt sich hinter den Schalter. Die Männer in der Reihe beantragen provisorische Pässe. »Ich habe meine Identität verloren«, sagt jeder.

»Haben Sie Ihre Identitätsnummer?« fragt der schwarze Polizist. Seine Stimme ist ungeduldig, er kennt die Antwort auf die Frage schon, bevor er sie stellt.

»Wie stellt ihr euch das vor, neue Papiere zu bekommen, wenn ihr eure Nummer nicht mehr wißt? Wie können wir beweisen, daß ihr jemals eine Identität hattet? Erwartet ihr von uns, noch mal ganz von vorn anzufangen und euch eine neue Identität zu geben?« Seine Stimme ist schrill. Er schiebt sein glattrasiertes Gesicht über den Schalter, aggressiv. Ein paar Männer treten einen Schritt zurück.

»Wenn ich meine Papiere nicht bekomme, kann ich mich im Township nicht bewegen. Ich habe meine Identitätskarte nicht verloren. Sie wurde mir geklaut.«

»Wißt ihr, wie oft ich das hör? Ich wurde beklaut ... ich wurde beklaut ... das ist alles, was ich den ganzen Tag hör. Keiner von euch sagt doch die Wahrheit. Lügen! Lügen! Lügen!« Er schlägt auf den Tisch und sagt dem Mann dann, er solle zur Seite gehen und warten, während er den Nächsten bedient.

In der ersten Nacht, nachdem Großvater gestorben war, sangen die Männer die ganze Nacht lang laut, sprangen durch die Luft und ließen die Erde beben. Der Trommler hielt sein Instrument zwischen seinen Knien und schlug mit seinen flachen Handflächen in wildem

Rhythmus auf das straffe Fell. Seine Beine wiederholten die Bewegung seiner Hände, wenn er sie mit der Trommel anhob und stampfend auf den Boden brachte. Die *mbira*-Spielerin saß mit gekreuzten Beinen an einer Hausecke, wo es am wenigsten Licht gab. Die *mbira* ruhte zwischen ihren Beinen, ihre Handflächen stützten das Instrument von unten. Nur ihr Daumen strich leidenschaftlich über die Metallplättchen. Sie sah nicht auf, sondern spielte mit fest geschlossenen Augen, ihr Körper schwang traurig vor und zurück, als trüge sie ein Baby auf ihrem Rücken, das sie in den Schlaf wiegen wollte. Ihr Lied war keineswegs lebensverneinend, obwohl sie eher geheimnisvoll unter ihren geschlossenen Augenlidern lächelte.

Einer der Männer schlug wild auf eine Trommel, während die Frau ihn mit den sehnsüchtigen Klängen ihrer *mbira* begleitete. Es ist schwer, der *mbira* zuzuhören, wenn es in der Familie einen Todesfall gegeben hat. Der Klang der *mbira* ist wie Wasser, das von hoch oben heruntertropft, und das regelmäßige Klopfen auf dem kleinen Instrument geht einem zu Herzen. Es ist ein Instrument, dem man mit dem Herzen und nicht mit dem Ohr zuhört. Bei dem Klang einer Trommel möchte man aufstehen und schnell tanzen, der Klang einer *mbira* läßt einen still stehen, und man folgt ihr, indem man den Kopf hin und her oder auf und ab schaukelt. Frauen, die zur *mbira* tanzen, tun es mit langsamen, geräuschlosen Bewegungen, es ist kein Klang, der Aggression herausfordert.

Ein Mann antwortete auf die Trommel mit auffallenden Verrenkungen seines Körpers, indem er sich auf den Boden warf, um sich dann blitzschnell auf die Knie zu erheben. Die Menschenmenge trat zurück und machte ihm mehr Platz. Nach einer Weile fingen die anderen an, Gesten des Verstorbenen nachzuahmen, so wie er war, als er lebte: seine Art zu gehen und zu sprechen. Sie gingen ins Haus, nahmen seine Kleidung und zogen sie an. Manche dieser Männer waren gute Nachahmer, und alle lachten frei heraus. Die Frauen riefen den Namen des Verstorbenen, und Großmutter bedeckte ihre Schultern mit einer grauen Decke. Nichts hatte mich auf die feierliche Intensität dieses Abends vorbereitet.

Es wurde weiter getanzt, Bier wurde herumgereicht, und alle tranken, um die Nacht zu beschleunigen. Die Trauernden wollten bis zum Morgen bleiben, am Feuer sitzen und reden. Großmutter war glücklich, weil alle gekommen waren, um sie zu trösten.

Vater war erschüttert gewesen über die Nachricht von Großvaters Tod, und das erste, wonach er fragte, als er ankam, war Großvaters Hut, den ich ihm gab. Großvater trug seinen Hut immer. Vater hielt den Hut den ganzen Abend liebevoll fest, während die engsten Familienmitglieder die Vorbereitungen für Großvaters Begräbnis besprachen. Wir waren zu viert im Raum.

»Wir alle kennen Großvaters Wünsche«, sagte Großmutter und wartete darauf, daß jemand diesen Satz ergänzte.

»Ja, wir kennen sie. Wir müssen ihn nach Hause bringen.« Vater sah Großmutter nicht an, während er sprach.

»Aber wir wissen alle, daß die Lage für eine Reise nicht einfach ist«, hatte Großmutter dann gesagt und die Männer zu einer Entscheidung gedrängt. Als Vater antwortete, blieben seine Augen auf den Boden geheftet.

»Wir haben keine Wahl. Zumindest müssen wir es versuchen.« Er wußte, daß Großmutter das hören wollte, sie hatte es bereits entschieden.

»Phineas, wirst du versuchen, mit uns zu kommen?«

»Mit uns? Wirst du mit uns mitfahren, Mutter?« Vater glaubte, seine Mutter wäre für eine Reise zu schwach.

»Natürlich. Das Ganze würde keinen Sinn machen, wenn ich nicht mitkäme. Was wirst du tun, wenn du dort ankommst? Kennst du die Bräuche? Kennst du all die Namen deines Vaters, mit denen du ihn rufen mußt, wenn du ihn zu seinen Ahnen schickst? Du bist jetzt ein alter Mann, mein Sohn, aber solange du die Tradition nicht kennst, bist du nur ein Kind mit Milch im Gesicht.« Ich fürchtete, die beiden würden bald einen Streit anfangen. Sie sind sich selten einig.

»Also gut, du wirst mitfahren. Aber wir sollten auf alles vorbereitet sein. Wir sind Vater diesen Respekt schuldig. Er haßte die Stadt. Er blieb nur hier, weil er immer schwächer wurde, das dürfen wir nicht vergessen. Wenn er nicht glücklich ruht, wird selbst auf unserem Leben ein Fluch liegen. Er wird uns dann nicht seinen Schatten schicken, um uns durchs Leben zu führen.«

»Phineas, solltest du nicht etwas sagen?« fragte Großmutter.

»Alles ist gesagt worden. Sag mir, was ich für dich tun soll. Aber ich muß sehen, ob ich bei der Arbeit Urlaub bekomme, so daß ich fahren kann.«

»Hat jemand versucht, Joyce und Sandra zu erreichen, um ihnen von Vater zu erzählen? Weißt du, wo sie sind?« fragte Vater. Großmutter sprach nicht gern von ihren beiden anderen Kindern. Sie lebten mitten in der Stadt auf eine Weise, mit der Großvater nicht einverstanden gewesen war. Selbst in dieser Zeit wollte Großmutter sie nicht in ihrer Nähe haben. Aber sie regte sich nicht auf und antwortete nicht einmal auf die Frage. War es möglich, daß sie sie nicht gehört hatte? Es wurde beschlossen, daß ich zum Verwaltungsbüro gehen sollte, um eine Genehmigung für die Reise aufs Land zu bekommen, ohne die es unmöglich war, die Stadt zu verlassen.

»Das ist gut. Jetzt müssen wir zu den anderen gehen. Ich bin eine alte Frau, und meine Zeit wird bald kommen.«

Als wir nach draußen kamen, wurden wir vom lauten Singen der Männer und ihrem Tanzen, das donnernde Beben durch die Erde schickte, begrüßt. Einer von ihnen stimmte einen Gesang an:

Ihr, die uns vorausgegangen seid, weist den Weg.
Ewo!
Die, die tot sind, haben geruht.
Ewo!
Wir werden euch auf eurem Weg folgen.
Ewo!

Die Nacht ging in ritueller Intensität weiter, bis ein Soldat kam, der uns sagte, daß wir die Ausgangssperre zu beachten hätten. Nachdem uns unsere Gäste und unsere Riten genommen worden waren, saßen wir im Dunkeln und fanden, daß es eine schlechte Zeit zum Trauern war.

»Was ist dein Problem?« Die Stimme war vor Ungeduld gepreßt.

»Ich brauche einen Paß, um nachts von der Arbeit nach Hause fahren zu können. Ich brauche den Paß, um während der Ausgangssperre zu fahren.« Es ist eine Frau. Sie erklärt, daß sie in einem weißen Wohngebiet arbeitet und daß sie jede Nacht zu ihren Kindern nach Hause fahren muß, weil sie alleine sind.

»Was ist mit deinem Mann? Warum kannst du nicht am nächsten Tag nach Hause fahren?«

»Ich habe keinen Mann«, antwortet sie ohne Zögern; es ist, als hätte sie die Frage erwartet.

»Du machst einfach alleine Kinder? Hat dein Mann dich verlassen, weil du eine schlechte Frau bist?« Die anderen Männer im Zimmer lachen.

»Ich hab ihn rausgeschmissen. Er war ein Säufer«, sagt sie und blickt dem Mann direkt in die Augen, als würde die Bemerkung irgendwie auch auf ihn zutreffen. Sie scheint zu sagen: »Entweder geben Sie mir einen Paß oder verweigern ihn mir, aber nehmen Sie sich dafür nicht den ganzen Tag.«

Der Polizist stempelt ihren Paß und gibt ihn ihr. Es ist nur ein Stück Papier.

Ich bin dran. Ich lächle den Beamten verwirrt an. Die eiskalten Augen des Mannes sehen aus, als wollten sie ein Loch in meine bohren, aber ich halte dem Blick stand und erzähle meine Geschichte. Der Beamte lächelt während meiner Erklärungen, bis ich mich unbehaglich fühle und durch den Rest der Einzelheiten stolpere.

»Du hast dich erkundigt, und es gibt keine Friedhöfe in der Nähe, sie sind alle voll?« fragt der Mann. »Du bist eine vollkommene Idiotin!« Er schreit und flucht und nennt mich eine Lügnerin.

»Weißt du, daß in diesem Land Krieg ist? Weißt du, daß du umgebracht wirst, wenn du in diese Gegend fährst, oder hast du andere Gründe, dahin zu fahren?« Der Mann zieht einen Stuhl näher und setzt sich.

Er redet eine ganze Weile und beschließt, daß er, nachdem er so viel Zeit mit diesem Thema verbracht hat, dumm dastehen würde, wenn er mir die Genehmigung nicht geben würde. Er fragt nach dem Totenschein, den ich ihm bereits gegeben habe. Während davon auf einem Gerät hinten im Büro eine Kopie gemacht wird, läßt er sich weiter über die Unsinnigkeit meines Vorhabens aus, aber jetzt murmelt er und schaut über meine Schulter. Während er meine Genehmigung unterschreibt, hat er schon den Mann hinter mir scharf angesprochen. Er scheint nicht zu hören, daß ich mich bedanke, die Königin von England aber lächelt.

Warum schnitzt du keine anderen Tiere...

Er sitzt vor den Toren des Krankenhauses »Nur für Schwarze« und schnitzt Modelle aus Holz. Die fertigen Figuren stehen auf alten Zeitungen auf dem Boden um ihn herum. Ein Maler sitzt rechts neben ihm, seine fertigen Werke lehnen am Zaun des Krankenhauses hinter ihnen. In dem dichtbevölkerten Township heulen Autos auf, Menschenmengen fließen vorbei, Stimmen werden laut, und Krankenwagen rasen zur Notaufnahme des Hospitals, ihr blinkendes, orangefarbenes Licht ist eine rechtzeitige Warnung für den entgegenkommenden Verkehr. Mit den Elefanten, die er schnitzt, und auch den Giraffen mit den merkwürdig gebogenen Hälsen bringt der Bildhauer den Urwald in die Stadt. Seine Tiere gehen über das bedruckte Zeitungspapier, doch bedauert er, daß sie kein Leben in sich tragen. Manchmal sammelt er in einem Wutanfall seine Tiere ein und wirft sie achtlos in seinen Karton, um nicht länger ihre leblosen Gestalten inmitten des chaotischen Verkehrs, der durch die Krankenhaustore fließt, sehen zu müssen.

»Möchtest du dieses Krokodil haben? Es ist ein gutes Krokodil. Möchtest du es?« Eine Mutter versucht, einen kleinen Jungen, der nach seinem Besuch im Krankenhaus weint, dafür zu gewinnen. Ein weißer Verband ist fest um seinen rechten Arm gewickelt. Der Junge hält seinen Arm mit der anderen Hand; die Fürsorglichkeit seiner Mutter bringt ihn dazu, auf seine vorübergehende Verunstaltung aufmerksam zu machen. Sie kniet neben ihm und sieht ihm in die Augen, bittend.

»Er hat eine Spritze bekommen. Sie wissen ja, wie sich Kinder vor der Nadel fürchten«, erklärt die Mutter dem Mann. Sie kauft das Krokodil und gibt es dem Jungen. Der Mann beobachtet, wie eines seiner Tiere weggeht, gehalten von den kleinen Fingern des Jungen. Seine Tiere tragen kein Leben in sich, und der Mann ist versucht, sie in den Karton zurückzulegen. Er überlegt, ob das Kind jemals ein lebendiges Krokodil sehen wird, so umgeben von dieser öden Stadt, wo die Teerstraßen die einzigen Flüsse sind.

Ein Mann in einem weißen Kittel steht da und sieht sich die Elefanten an und den Mann, der weiter schnitzt. Er wählt einen roten Elefanten, dessen Rüssel am Körper entlang geschnitzt ist, so daß er ihn nicht heben kann. Ein roter Elefant? Der Fremde ist erstaunt und amüsiert und beschließt, den Elefanten zu kaufen, obwohl er nicht gut geschnitzt ist und er seinen Rüssel nicht heben kann. Er wird ihn neben das Fenster in seinem Dienstzimmer stellen, von wo aus er auf die Reihe wartender Patienten schauen kann. Warum sind keine Augen in den Elefanten geschnitzt? Vielleicht verdeckt die Farbe sie.

Der Schnitzer flucht plötzlich.

»Was ist los?« fragt der Maler.

»Sieh dir den Hals dieser Giraffe an.«

Der Maler sieht sich die Giraffe an, und die beiden Männer brechen in beklommenes Lachen aus. Es ist nicht leicht zu lachen, wenn man so nahe neben den Kranken sitzt. Der Schnitzer fragt sich, ob er vielleicht ein Bild von sich selbst geschnitzt hat oder von einer leidgeplagten Person, die innegehalten und seine leblosen Tiere gesehen hat. Er schaut auf den Karton neben sich und beschließt, ihn in den Schatten zu stellen, außer Sichtweite.

»Warum schnitzt du keine anderen Tiere? Wie Löwen und Schimpansen?« fragt der Maler. »Du schnitzt immer Giraffen, und dein einziges Krokodil ist gekauft worden!« Der Maler beeinflußt die Arbeit des Schnitzers ein bißchen, indem er ihm die Farben leiht, mit denen der Schnitzer seine Tiere anmalt. Der rote Elefant war seine Idee.

»Der Elefant hat lange Zeit den Busch beherrscht, er ist älter als der Busch, die Giraffe aber streckt ihren Hals aus und sieht stolz über die Bäume, als ob der Busch ihr gehöre. Sie frißt die obersten Blätter, während sich der Elefant den ganzen Tag im Schlamm wälzt. Findest du das nicht interessant? Diesen Kampf zwischen Elefant und Giraffe, um die obersten Blätter im Busch zu fressen?« Die Krankenwagen rauschen vorbei zur Notaufnahme des Krankenhauses »Nur für Schwarze«.

Der Maler denkt kurz nach, während er ein Bild von den Victoriafällen fertigstellt, die er nach seiner Erinnerung an Bilder in Zeitungen und Zeitschriften malt. Er hat die Wasserfälle nie gesehen. Das Wasser muß blau sein, um dem Bild Gefühl zu verleihen, denkt er. Man hat ihm erzählt, daß, wenn Wasser auf einer Karte dargestellt wird, es immer blau sein muß und daß, wenn es wirklich viel davon gibt, wie im Meer, das Wasser wie der Himmel aussieht. Also ist er großzügig in seiner Darstellung, und so rauschen stechendblaue Wellen unnatürlich den felsigen Abgrund hinunter.

»Die Giraffe geht stolz herum, majestätisch, weil sie ein so schönes Muster auf ihrem Rücken trägt. Darum geht es in diesem Kampf. Ansonsten sind sie ebenbürtig, der Elefant hat seinen langen Rüssel, mit dem er an die Blätter reichen kann, und die Giraffe hat ihren langen Hals.«

Er malt zwei Liebende in die Bildecke, die die Arme umeinanderschlingen und ihre Liebe in das blaue Wasser starren. Er möchte das Wasser für sie singen lassen. Also malt er einen Vogel oben in das Bild, der über den Wasserfällen schwebt und zum Singen seinen Schnabel öffnet. Er wünscht, er hätte anstelle dieses schwarzen Vogels, der wie eine Krähe aussieht, eine Taube gemalt.

Der Schnitzer leiht sich ein wenig Farbe und malt gelbe und schwarze Flecken auf die Giraffe mit dem kurzen Hals. Er hat schon seit langem akzeptiert, daß er keine perfekten Tiere schnitzen kann, doch wird er sie nicht wegwerfen. Vielleicht wird sich jemand, der aus dem Krankenhaus »Nur für Schwarze« kommt, mit diesem Stück aufmuntern wollen. Doch als er die Flecken fertig gemalt hat, läuft die Farbe an dem Tier hinunter, und es sieht ein bißchen wie ein Zebra aus.

»Warum schnitzt du nie einen Hund oder eine Katze? Etwas, das Stadtmenschen gesehen haben. Sogar eine Ratte wäre gut, es gibt viele Ratten im Township!« Es entsteht großes Gelächter. Dem Maler fällt ein, daß von den Wasserfällen aus viel Sprühregen das Liebespaar erreichen muß, deshalb malt er einen roten Regenschirm über ihre Köpfe. Dann bemerkt er plötzlich, daß etwas in seinem Bild fehlt, also streckt er die freien Hände der Liebenden aus und überreicht ihnen ein gelbes Eis. Nun ist das Bild voller Leben.

»Warum sollte ich einen Hund schnitzen? Warum malst du nicht Hunde und Katzen und Mäuse?« Der Schnitzer hat nie die Elefanten oder die Giraffen gesehen, die er so eifrig schnitzt. Er nimmt ein Stück formloses Holz. Wird es eine Giraffe oder ein Elefant werden? Sein Schnitzen ist auch sein Träumen.

Ein unnachgiebiger Kreis

»Knien! Knien! Eine Frau muß ihre Knie beugen, wenn sie einem Mann Essen gibt. Was ist das für eine Frau?« Die Frau, die sich nicht mit den betrunkenen Männern streiten will, tut, was ihr gesagt wird, und die Gruppe bricht in Applaus aus. Als ihre Arbeit erledigt ist und sie nicht länger zu bleiben braucht, rafft sie ihre Röcke aus dem Staub zusammen, in dem sie ihre schwere Gestalt verankert hatte, und löst sich von der Gruppe. Am Marktplatz, nicht weit entfernt von den Männern, schaltet jemand ein Kofferradio an, und leise, heitere Musik erfüllt die kalte Nachmittagsluft. Während sie weggeht, schlägt die Frau verärgert mit den Armen um sich und schüttelt den Staub aus ihren Röcken.

Die Männer sitzen in einem Kreis, reichen eine Kalebasse mit selbstgebrautem Bier herum und singen laut. Wenn die Kalebasse voll ist, schwappt ihr Inhalt über, weil die Männer unachtsam sind. Auf dem Boden sind überall feuchte Flecken, und wenn die Männer sie bemerken, sagen sie, daß sie ihre Vorfahren, die diese Erde bewohnen, gewürdigt haben. Jeder nimmt das Lied an einer anderen Stelle auf, und es ist beinahe, als ob jeder ein anderes Lied singt, als ihre kehligen Melodien um den Platz herum kreisen. Das Gelächter der Männer schleicht sich zum Thema Frauen, die diese Respektlosigkeit verabscheuen.

Ab und zu greifen die Männer betrunken in ihre Hosentaschen und leisten ihren Beitrag für die nächste Kalebasse, die der Jüngste aus der Gruppe holen muß, oder sie rufen nach einer der Frauen. Sie reden unzusammenhängend und schreien sich gegenseitig an, ihre Hände baumeln hilflos zwischen ihren Knien. Sie rufen der Frau zu, die Maiskolben röstet. Sie beeilt sich und bringt Bier; dabei beugt sie kurz ihre Knie, um Respekt zu zeigen.

Hinter den Männern und knapp über ihren Köpfen sind an einem Draht, der um den Marktplatz gespannt ist, gehäkelte Bettdecken und Tischtücher wie ein Spinnennetz ausgebreitet. Eine Frau sitzt auf einer umgedrehten Metallmilchkanne, häkelt eine Tischdecke, verlagert ihr Gewicht, um bequemer sitzen zu können, und beginnt ein Gespräch mit der Frau an einem Stand ein Stück von ihr entfernt. Doch spielt Entfernung keine Rolle, und sie lacht, wirft ihren Kopf zurück und hebt ihre Arme in einer Bewegung, die einen Wust Gehäkeltes aus ihrem Schoß in ihr Gesicht trägt. Das Lachen hat blendende Tränen in ihre Augen gebracht, und sie wischt sie mit dem Unterarm ab, während sie in die Falten ihres Kleides greift und nach Schnupftabak sucht.

Rauch steigt vor der Maisverkäuferin auf und breitet sich auf dem Marktplatz aus. Der Rauch ist beißend und läßt seine Opfer augenreibend zurück.

»Du solltest dein Feuer an der anderen Seite des Marktes machen, in der Richtung, in die der Wind weht«, sagt MaDube, ohne von ihrem Häkelzeug aufzusehen. MaSibanda bläst ins Feuer und antwortet dann.

»Wie kann ich meinen Mais hinter den Ständen rösten, wo mich niemand sehen wird, weg von den Kunden? Glaubst du, ich komme aus Spaß hierher?« Sie wendet ein paar Maiskolben, die, von der direkten Hitze des Feuers entfernt, auf einem Rost liegen, und macht es sich auf einem Ziegenfell bequem, das an der einen Seite der Feuerstelle ausgebreitet liegt.

»Haben sie dich bezahlt, diese Männer?« MaDube zeigt mit ihrer Häkelnadel drohend auf die Männergruppe, die abgehackt und mit lauten Stimmen redet.

»Ich kann mit jeder Frau umgehen, mit jeder Frau«, sagt ein Mann und rudert betrunken mit den Armen, als wäre er bereits von einer Frau herausgefordert worden. Seine Freunde stacheln ihn mit lauten Zurufen an, so als ob er für sie alle gesprochen hätte.

»Sie haben mich bezahlt.« Ihre Antwort ist kurz, sie schaut ins Feuer und auf ihren Mais und sucht dort eine Antwort. Sie fühlt sich allein, so völlig allein. Es werden Maiskolben übrigbleiben, die sie mit nach Hause nehmen kann.

»Die einzige Art, eine Frau unter Kontrolle zu halten, ist, sie zu schlagen.« Stimmen erreichen sie, dringen ein in die Stille, die sie suchen. Die Stimmen sind rauh, aber kraftlos. Mit einem kurzen Blick gestehen sich die Frauen die Störung ihrer Ruhe durch die Männer ein.

»Du hast deine Maiskolben«, sagte die Frau, resigniert. »Und ich habe meine gehäkelten Bettdecken.« Es klang einfach, sachlich, aber die andere Frau spürte in ihren Augen salzige Tränen brennen. Warum redete ihre Freundin so? Warum versuchte sie, ihren Frieden zu stören?

»Meine gehäkelten Bettdecken«, lachte die Frau, und wieder streifte die Häkelei spöttisch ihr Gesicht. »Was kann ich mit ihnen zudecken?« fragte sie. »Was kann ich mit ihnen verstecken?« Doch sie hörte von ihrer Freundin keine Antwort. Ihre Finger und ihre Nadeln waren in den Löchern der Häkelarbeit gefangen. Die Männer redeten über Frauen, die sie aus ihren Häusern geworfen hatten. Die Prahlereien der Männer ängstigten die Frauen, und in ihren Blicken lag Verständnis und Mitleid füreinander. Eine Flamme stieg zwischen ihnen auf, während die Männer weiter ihre Reden hielten. Die Frauen spürten den Druck des Augenblicks und nahmen ihr Gespräch wieder auf.

»Wenigstens verdienst du Geld, wenn jemand deine Decken kauft. Ist das nicht genug?« fragte MaSibanda und stocherte ungeduldig in der Glut.

Genug gestochert, wer weiß, wie viele Geheimnisse man nach langem Graben an verbotenen Orten entdeckt? Sie legte den Stock hin, wollte ihn aber nicht sehen, legte ihn darum hinter ihren Korb und hörte die Männer nach mehr Mais rufen.

»Denk dran, zu knien«, neckte MaDube sie sanft. Sie brachte den Mais zum Kreis der Männer, wo sie sich wie ein Eindringling fühlte. Sie reichte den Mais herum und wartete auf die Bezahlung. Sie kreuzte die Arme vor ihrer Brust und hoffte, daß die Männer nichts an ihr auszusetzen haben würden.

»Zwei Hände! Zwei Hände! Eine Frau muß zwei Hände benutzen, wenn sie einem Mann Essen gibt.« Sie gaben ihr also den Teller mit Mais, und sie mußte noch einmal von vorn beginnen, während die betrunkenen Männer beobachteten, ob die Frau es richtig machte.

»Laßt sie in Ruhe. Bring den Teller hierher«, sagte der jüngste der Männer, mitfühlend. Doch er wurde von den älteren Männern überstimmt, die darauf bestanden, die Tradition richtig und prompt ausgeführt zu sehen, vor allem dann, wenn sie für ihren Mais bezahlten. Die Frau fügte sich, mit verwirrtem und verärgertem Herzen. Als sie die Wünsche der Männer ausgeführt hatte, applaudierten sie ihr, und sie kehrte zu ihrem Platz neben dem Feuer zurück. Die Männer sangen ihr altes Lied und vergaßen, daß sie bei ihnen gewesen war.

Die zwei Frauen saßen eine Weile still da, doch der schwere Rauch umhüllte sie beide. Der Kreis der Männer war nicht zu sehen, obwohl ihre Stimmen den dichten Rauch durchdrangen.

»Mach was an deinem Feuer, MaSibanda. Welche Art Holz benutzt du? Welche Geister versuchst du auszutreiben?« MaDube rieb sich heftig die Augen. Die Frau blies kräftig ins Feuer, die Scheite fingen an, in hellen Flammen zu brennen, und der Rauch wurde dünner.

MaDube hob ihre Milchkanne hoch, ging zur anderen Seite des Feuers und nahm ihre Häkelarbeit wieder auf. Ihre Schnupftabakdose war im Häkelzeug gefangen, und sie auch. Sie brauchte den Schnupftabak dringend, nachdem sie dem Rauch und dem betrunkenen Gelalle der Männer, die angefangen hatten zu singen, ausgesetzt gewesen war.

»Gefangen in einem Häkelnetz«, raunte sie ihrer Freundin zu. Wieder lachte sie, und die Häkelarbeit sprang ihr ins Gesicht, voller Mitgefühl.

»Mais! Mais! Mais!« Die Männerstimmen brachen wieder in ihre Stille ein. MaDube erhob sich schnell von ihrem alten Ziegenfell und rannte zu den Männern, den Mais vorsichtig auf ihrem Teller balancierend. Sie kniete sich hin und benutzte beide Hände, dann wartete sie darauf, bezahlt zu werden.

»Hinsetzen! Hinsetzen! Eine Frau muß sich hinsetzen, wenn sie unter Männern ist.« Sie setzte sich also auf den kahlen Boden, auf dem Bier verschüttet worden war, und ihre Hände ruhten leer in ihrem Schoß. Sie zählten die Pennies, die oft herunterfielen, dann aufgehoben und nachgezählt werden mußten. Der Frau, die alleine war, blieb nichts anderes übrig, als zu warten. Sie hörte nichts, obwohl die Männer endlos über den Betrag stritten. Sie webte eine Stille, die sie beschützte und tröstete und die den Augenblick verschob, in dem sie ihre Qual würde ertragen müssen. Bevor sie ihr Geld annehmen konnte, verhöhnten die Männer sie.

»Zwei Hände! Zwei Hände! Eine Frau muß zwei Hände benutzen, wenn sie etwas von einem Mann bekommt.« Sie hörte das nicht, aber später würde sie die Männer und sich selbst hassen. Applaudierendes Lachen folgte ihr, als sie sich hinsetzte, auf ihr altes Ziegenfell.

Mit den Ahnen verbunden

Sie fuhren schweigend durch die Stadt, hielten an den Ampeln und beobachteten, wie die Menschen über die Straße gingen. Frauen in hochhackigen Schuhen schauten sich zu den Autos um, als ob sie sich nicht sicher waren, daß sie wirklich halten würden. Ein blinder Mann bewegte seinen Stock vor sich hin und her, und die, die ihm entgegenkamen, brachten sich mit einem Sprung in Sicherheit. Als er die andere Straßenseite erreichte, setzte er sich und streckte seine hohle Hand aus.

Sie folgten der Straße, die sie aus der Stadt führen würde. Die hohen Gebäude warfen lange Schatten. Die Straße, die sie hinunterfuhren, war die längste, die zur Stadt hinausführte, und an beiden Seiten mit lilafarbenen Jakarandabäumen gesäumt. Sie fuhren unter dem lilafarbenen Schein, der sie in warmes Licht tauchte. Wie eine Hochzeitsgesellschaft fuhren sie unter dem Gewölbe aus üppigen Blüten entlang. Ihre Gesichter waren wie steife, ausdruckslose Masken.

Fari machte sich Sorgen um ihre Großmutter, die allein hinten im Kleinlaster saß. Die Hände des Fahrers, die das Lenkrad umklammerten, waren in lilafarbene Wellen getaucht. Aber vielleicht konnte nur ein sorgloser Mann in dieses Muster passen.

Der Fahrer war ein Mann Mitte vierzig, und sein staubbraunes Haar lag in einer dicken Masse, die über seine Stirn zu fallen drohte. Er saß sehr nah am Lenkrad, seine kurzen Beine zu den Pedalen gestreckt.

Sie fuhren durch ein weißes Wohngebiet. Die großen Häuser boten einen wunderbaren Blick über die Hügel. Es war eine ruhige Gegend, keine Menschenseele war zu sehen. Sie ließ einen den Atem anhalten, als wäre man in ein heiliges Stück Land eingedrungen, und der Fahrer trat auf das Gaspedal. Bald hatten sie das Wohngebiet hinter sich gelassen, und die Teerstraße wurde zu Staub.

Ein großes Schild an der Straße, das anzeigte, daß die Geschwindigkeitsbegrenzung jetzt bei 80 Stundenkilometern lag, war wie eine Peitsche für den Fahrer, der den Wagen in einer Staubwolke weiterrasen ließ. Sie hörten recht große Steine an die Seiten des Lasters schlagen, und Fari schloß das Fenster. Durch die staubige Fensterscheibe bekam die Landschaft einen merkwürdig verlassenen Charakter. Ohne große Bäume oder Büsche spiegelte sie die Stille des wolkenlosen Himmels darüber wider. Ab und zu erschien ein großer Felsen in der Ferne, und wenn ein Vogel aus dem leeren Himmel herausgeflogen kam, wußte man genau, wo er landen würde.

Kleine Sträucher sprenkelten die Landschaft. Die kahle, rote Erde war wie eine Decke ausgebreitet, um irgendein Ahnengeheimnis zu bedecken. Es war die trockene Jahreszeit.

Obwohl sie nicht gesprochen hatten, tauschte ihr Atem unbeabsichtigte Nachrichten zwischen ihnen aus. Es war ein Härtetest, abzuwarten, bis jemand etwas sagen würde. Das laute Geräusch der Reifen unterbrach die Ruhe dort, wo die Straße steiniger wurde. Eine Ziegenherde überquerte die Straße. Sie wurde von einem kleinen Mädchen mit einem großen Stock, der zu schwer für sie zu sein schien, angetrieben. Der Fahrer hielt abrupt an, und sie hörten eine Bewegung hinten im Laster. Immer noch sagte der Fahrer nichts. Er zog die Haut auf seiner Stirn in so tiefe Furchen, daß man denken konnte, er hätte unerträgliche Schmerzen, wäre wütend oder vielleicht nur ungeduldig mit der Ziege, die ihr schweres Euter über die Straße schleppte. Würden sie bis ans Ende ihrer Reise tatsächlich Fremde bleiben?

Fari, die es nicht aushalten konnte, sich nicht zu unterhalten, räusperte sich, um eine Bemerkung zu wagen. Auch sie war ungeduldig. »Wir kommen gut voran. Wir sind sicher zur rechten Zeit da.«

»Auch die, die nicht eilen, kommen dort an, wohin sie gehen«, lautete die knappe Antwort des Fahrers, aber er lächelte.

»Reichen Sie mir die Wasserflasche. Sie liegt unter Ihren Füßen. Dieser Staub ist nicht gut.« Die Frau langte nach der Flasche, einer Speiseölflasche, die noch ihr Etikett mit fettgedruckten Buchstaben trug. Der Fahrer streckte seinen Arm aus und legte seine Hand um den Flaschenhals, während seine Augen auf die Straße gerichtet blieben. Er stellte die Flasche auf sein Knie und versuchte, den Deckel aufzudrehen.

»Helfen Sie mir mit dem Deckel«, murmelte er.

»Hier. Ich hab's.« Fari war es unangenehm, daß sie nicht gleich daran gedacht hatte.

»Das tat gut. Wir müssen mehr davon holen, wenn wir an einer Tankstelle sind.«

»Ich hab noch Wasser in der Tasche. Und auch etwas zu essen, wenn wir hungrig werden.« Sie wollte nett sein und war froh, daß die Luft zwischen ihnen klar war, doch der Staub kam immer noch durch das offene Fahrerfenster in den Wagen.

»Es ist trocken in dieser Gegend.« Sein Gesicht hatte sich entspannt, und die Furchen auf seiner Stirn waren verschwunden. Eine Felsgruppe tauchte am Horizont auf; ein einsamer Meilenstein an einem verlassenen Ort.

»Ich hoffe, es regnet nicht, denn diese ungeteerten Straßen werden matschig«, sagte der Fahrer zu sich selbst und schaute durch das fleckige Fenster, als suche er eine Bestätigung, doch der Himmel starrte stumm auf die rote Erde. Der Wagen schien das einzige Lebendige auf der Straße zu sein.

Der erste Halt war an einer Straßensperre der Polizei, und sie warteten hinter einem überladenen Bus, der zwischen seinen großen Reifen zu versinken schien, bis sie an der Reihe waren. Man konnte einen Landbus schon an der Menge Staub erkennen, mit der er bedeckt war.

Das Dach des Busses war mit den unterschiedlichsten Dingen beladen: Koffern, Stühlen, Betten, Säcken mit Maiskorn, Fahrrädern und Hühnern in selbstgemachten Käfigen. Alle Passagiere mußten aus dem Bus steigen, damit er durchsucht werden konnte, und der Fahrer kletterte auf das Dach und holte alles herunter. Jedes Teil war für die lange Reise sorgfältig und mit komplizierten Knoten am Gepäckträger befestigt.

Große Fässer mit schwarzen und weißen Streifen waren auf der Straße aufgestellt worden, damit kein Fahrzeug vorbeifahren konnte, ohne kontrolliert worden zu sein. Die Polizisten gingen in braunen, glänzenden Stiefeln, die bis zu ihren Waden reichten, umher.

Mehrere Polizeijeeps standen an einer Böschung neben der Straße. Unter den Polizisten waren auch Soldaten. Die Polizisten fragten nach den Ausweisen, die Soldaten durchsuchten das Gepäck. Das Gepäck wurde auf dem Boden verteilt, während die Männer in den Busch gebracht wurden und sich ausziehen mußten. Eine Frau, die sich nicht ausweisen konnte, wurde in einen anderen Teil des Busches gebracht, wo sie den Soldaten beleidigend anschrie. Die Leute taten, als hörten sie es nicht. Sie kam zurück, ihre Augen auf den Boden gerichtet, während der Soldat sie mit seinem Gewehr anstieß. Die Durchsuchung schien endlos zu dauern.

Soldaten suchten unter den Sitzen nach Waffen, und einer von ihnen kam heraus und trug eine Tasche, die im Bus liegengeblieben war, stellte sich dann neben die Scheinwerfer des Busses und rief laut, daß der Eigentümer herkommen und sie holen sollte.

Eine alte Frau tauchte aus der Menge auf und flehte: »Es ist meine, mein Kind ... Ich hatte es so eilig, daß ich sie vergessen habe.«

Der schwarze Soldat hatte nicht vor, sich bemuttern zu lassen.

»Haben Sie eine ›Süßkartoffel‹ darin?« fragte er. Er fragte nach einer Handgranate. »Nehmen Sie Ihre Tasche und gehen Sie bis zu diesem Baum dahinten, dann packen Sie sie aus.« Die alte Frau tat, was man ihr befohlen hatte.

Ein anderer Soldat kletterte mit einem großen Huhn in der Hand vom Dach des Busses herunter, stieß eine Beleidigung aus, damit alle auf ihn aufmerksam wurden, und schnitt dann die Schnur durch, mit der die Beine des Huhns aneinandergebunden waren. Es fing an, über die Straße in den Busch zu rennen, doch er entsicherte sein Gewehr und knallte es ab. Es rannte wild herum und fiel dann mitten auf der Straße um. Niemand rührte sich oder reagierte.

Fari und der Fahrer beobachteten die Szene interessiert. Es war gefährlich, ein Urteil über den Augenblick zu fällen, das Ergebnis des Geschehens vorauszusagen. Es war besser, nicht auf sich aufmerksam zu machen, bevor sie an der Reihe waren. Sie entdeckten ein gemeinsames Bedürfnis, miteinander zu reden. Sie einigten sich darauf, zu flüstern, ihre Lippen bewegten sich kaum, und ihre Augen starrten geradeaus.

»Ich bin durstig«, sagte der Fahrer.

»Ich glaube nicht, daß wir jetzt etwas trinken sollten. Wenn sie sehen, daß man etwas trinkt, wird man für zu gleichgültig gehalten.«

»Dann lassen Sie uns eine Weile warten. Sehen Sie sich den Jungen an, links.« Sie sahen, daß sich der Junge in die Hosen pinkelte.

»Glauben Sie, es dauert noch lange?«

»Ich glaube nicht. Sie werden nichts finden. Es ist reine Schikane.«

Die Passagiere kletterten in den Bus, und der Fahrer beeilte sich, das Gepäck auf dem Dach festzuknoten.

»Raus! Raus aus dem Wagen und die Hände hoch!« Der Soldat richtete seinen Revolver auf die Frau, und sie stieg langsam aus dem Laster.

»Ausweise!« blaffte der Soldat. Sie gruben in ihren Taschen, um die Papiere vorzuzeigen, die ihre Namen und Daumenabdrücke trugen.

»Wohin fahren Sie?« Er schaute sie genau an, als hätten sie irgendwelche bösen Absichten.

»Warum fahren Sie dahin?« Seine Augen waren immer noch auf die Ausweise gerichtet.

»Um meinen Vater zu begraben«, sagte Fari. In dem Augenblick bemerkte sie, daß das rote Hemd des Fahrers und seine grellgelbe Hose die unpassendste Kleidung für einen Trauerzug waren. Sie hatte nicht an diese Einzelheiten gedacht und sich nicht darum gekümmert. Der Soldat starrte den Fahrer an, und Fari sah, wie sich das rote Hemd in den Augen des Soldaten widerspiegelte.

»Haben Sie ein Telegramm?« fragte der Soldat. Mit einem Telegramm konnte man einen Polizisten immer überzeugen, daß man einen Grund hatte, unterwegs zu sein. In einem eigenen Fahrzeug zu reisen, erweckte mehr Mißtrauen, als in einem Bus zu sitzen.

»Wir fahren mit dem Toten. Er ist im Laster.« Fari und der Soldat starrten sich an, und ihre Augen rangen kurz miteinander, bevor sich das Gesicht des Mannes zu einer breiten, spöttischen Grimasse verzog. »Wona! Wona!« Er warf seinen Kopf zurück und lachte ungläubig, rief seinem Freund zu, er solle herkommen, um diesen Unsinn mitzuerleben.

»Sind Sie verrückt?« fragte er und versetzte Fari mit seinem Gewehr einen Stoß, als wäre sie etwas Schmutziges und Gefühlloses.

»Eine Frau fährt aufs Land, um ihren Vater zu begraben! Haben Sie keine Bräuche, wo Sie herkommen? Warum sind Sie nicht in der Stadt geblieben und haben die Männer reisen lassen? Eine richtige Township-Frau, he?«

Sein Kamerad kam dazu. Sie flüsterten eine Weile miteinander und kamen dann zum Laster zurück.

»Öffnen Sie ihn! Den Laster ... Öffnen Sie ihn!« blaffte der zweite Soldat.

Der Fahrer ging nach hinten an den Wagen und schloß die Tür auf. Großmutter stieg aus dem Wagen und kniff ihre Augen gegen das grelle Tageslicht und die lauten, drohenden Befehle zusammen.

»Hebt ihn raus«, sagte der Soldat und drohte ihnen

mit seinem Gewehr. Als der Sarg auf dem Boden stand, befahl der zweite Soldat: »Öffnen Sie ihn!«

Fari hatte Großvaters Gesicht, seit er gestorben war, nicht gesehen, und sie hatte es nicht sehen wollen. Nun mit Waffengewalt gezwungen zu werden, ihn anzusehen, ließ sie erschauern. Der Fahrer holte einen Schraubenzieher aus seiner Tasche und schraubte den Deckel bedächtig auf. Als er fertig war, stand er wieder auf und schaute die Frau an, die seine Geste verstand und sich hinkniete, um den Deckel herunterzuheben. Obwohl ihr Herz heftig schlug, nahm sie sich die Zeit, um den Kasten herumzugehen und die Sonnenstrahlen abzuhalten. Großmutter hatte sich weggedreht, unfähig, diese Entweihung mitanzusehen. Die Soldaten durchsuchten den Kasten gründlich und klopften gegen die Seiten, um festzustellen, ob er irgendwelche Geheimnisse enthielt.

»Wir kennen eure Methoden. Eine Beerdigung nutzen für subversive Transporte. Sie können jetzt fahren.« Die Demütigung war komplett, doch der Rest des Wagens war nicht durchsucht worden.

An der zweiten Straßensperre stellte der weiße Soldat Fragen auf englisch, die er mit drohender und überlegener Stimme ausspuckte. Der schwarze Soldat übersetzte sie ins Shona; seine Stimme hatte denselben autoritären Ton wie die des weißen Mannes. Nachdem sie mehrere Fragen beantwortet hatten, überließ sie der weiße Mann dem schwarzen Soldaten. Ein großer Lastwagen stand mitten auf der Straße, damit die Autos wußten, daß sie zu halten hatten. Andere Soldaten hatten es sich unter den Bäumen am Straßenrand bequem gemacht und schlürften Flüssiges aus grünen Metallbehältern.

»Raus aus dem Wagen«, sagte der Soldat. Die Frau und der Fahrer kletterten aus dem Auto.

»Ausweise.« Sie zeigten ihre Papiere.

»Wohin fahren Sie?«

Sie erklärten es ihm.

»Meine Großmutter sitzt hinten«, fügte Fari hinzu, weil sie nicht wollte, daß der Soldat überrascht wurde. Der Soldat befahl dem Fahrer, die Hintertür des Lasters zu öffnen.

»Haben Sie jemanden mitgenommen?« fragte er.

»Hände hoch! Und legen Sie sich flach auf den Boden.«

Sie taten, was ihnen befohlen worden war, und hörten dann die schweren Schritte des Soldaten, der nach hinten an den Wagen ging. Fari drehte ihren Kopf zur Seite, als sie spürte, wie der Staub in ihre Nase kroch, doch sie versuchte nicht, ihn abzuwischen, davon überzeugt, daß der Soldat bei einer unerlaubten Bewegung schießen würde. Sie versuchte, einen starken Hustenreiz zu unterdrücken, aber es gelang ihr nicht. Eine Staubwolke stieg ihr in die Nase. Erneut widerstand sie dem Wunsch, ihre Hände zu gebrauchen.

»Raus! Alle«, sagte der Soldat, als er in den Laster stieg. Großmutter stand am Straßenrand und beobachtete den Soldaten interessiert. Er stieß die Frau und den

Mann an und fragte, ob sie schon durch eine andere Straßensperre gefahren wären.

»Wir sind durchsucht worden«, sagte der Fahrer kurz. Der Soldat sah mißtrauisch auf ihn herunter.

»Zeigen Sie mir Ihre Reisegenehmigung«, forderte er, seine Hand fest an seinem Gewehr. »Stehen Sie auf!«

»Warum tun Sie das?« fragte Großmutter.

»Was?« fragte der Mann neugierig.

»Man schämt sich für nichts mehr. Man hat nicht mal mehr Respekt vor den Toten«, fuhr sie fort. »Wir wollen einfach nur unseren Toten so begraben, wie es unserem Glauben entspricht, doch werden wir wie Kriminelle behandelt. Ich bitte Sie nur, uns gehen zu lassen.« Fari sah ihre Großmutter besorgt an. Es machte keinen Sinn, es sich mit dem Soldaten weiter zu verscherzen, Großmutter aber bestand darauf, nichts Unrechtes getan zu haben.

»Hören Sie auf zu predigen, alte Frau«, unterbrach sie der Soldat. »Euch Frauen kann man am wenigsten trauen. Wir versuchen nur, Sie vor den Kriminellen zu beschützen, die ganze Familien in diesem Land vernichten, und Sie erschweren uns die Arbeit. Wir wollen nicht, daß Sie ihnen helfen.«

Der Soldat zeigte mit seinem Gewehr, daß sie weiterfahren konnten, riet ihnen aber, sich zu überlegen, irgendwo in einem Dorf zu halten und dort zu übernachten, weil es dunkel wurde.

»Denken Sie, wir sollten tun, was der Soldat vorgeschlagen hat?« fragte Fari den Fahrer zögernd.

»Nein. Das denke ich nicht. Wir sind sowieso bald da, und wir haben keine Schwierigkeiten gehabt.« Er sah sie nicht an.

»Vielleicht sollten wir anhalten«, beharrte sie. Der Wagen drang durch die beginnende Dunkelheit, die sie verschluckte und in ihrem Schoß hielt. Die Sterne schienen sich plötzlich vervielfacht zu haben, aber das Geheimnis, das sie in ihrem strahlenden Licht bargen, war bedrohlich. Die Schatten der Bäume rasten vorbei, während der Wagen in den Busch rumpelte. Der Mond ließ sein Licht vorn auf den Wagen fließen.

Als Fari den Fahrer anschaute, merkte sie, daß ein Stück ihrer gerade gefundenen Freundschaft verschwunden war. Der furchige Blick war auf seine Stirn zurückgekehrt.

Sie bogen scharf auf einen schmalen Weg ab, fuhren noch einmal eine scharfe Kurve nach links und ratterten weiter auf einem sehr unebenen Stück, das kein Weg mehr war, sondern hügeliger Boden, der zu einer Ebene führte. Dann fuhren sie wieder in den Busch und rollten zwischen den Bäumen hindurch.

Der Fahrer schaltete die Scheinwerfer aus und lehnte seinen Kopf gegen die Windschutzscheibe des Lasters, um so viel wie möglich von dem Mondlicht zu nutzen. Er schien den Weg zu kennen, denn er fuhr nicht langsamer, um sich umzusehen oder zu orientieren. Als er noch einmal hastig wendete, gab Fari die Hoffnung auf. Wer war dieser Mann, den sie die ganze Zeit einfach für den Fahrer gehalten hatte?

»Warum sind wir hier?«

»Stellen Sie keine Fragen, und es wird Ihnen nichts geschehen.«

Fari hatte Angst, aber sie wußte nicht, wonach sie ihn fragen könnte.

»Sie werden hier warten, während ich weggehe. Es ist in Ihrem eigenen Interesse, daß Sie tun, was ich Ihnen sage. Ich werde zurückkommen, dann fahre ich Sie das letzte Stück. Was ich jetzt machen muß, ist sehr wichtig.«

Der Fahrer befahl ihr, auszusteigen, während er in dem Wagen hantierte und die Sitze herausnahm: In diesem Augenblick verstand sie, daß sie beide auf einem Versteck für Munition und Medikamente gesessen hatten. Sie machte sich Sorgen um Großmutter, der sie alles würde erklären müssen.

»Auf wessen Seite sind Sie?« fragte der Fahrer beiläufig. Es lag etwas sehr Bestimmtes in der Stimme des Mannes, und sie schaute ihn genau an, doch gelang es ihr nicht, in der Dunkelheit seinen Gesichtsausdruck zu erkennen.

»Warum haben wir angehalten?« hörte Fari ihre Großmutter aus dem Laster hinten fragen. »Sind wir da?«

Bevor sie antworten konnte, hatte der Fahrer seine Taschen aufgehoben und war in die Nacht verschwunden. Die Frau ging hinten an den Laster und sagte ihrer Großmutter, daß der Fahrer zu Verwandten ins nächste Dorf hatte gehen müssen.

»Warum hat er so weit entfernt angehalten?« fragte die alte Frau.

»Vielleicht wollte er nicht, daß das Geräusch des Autos sie erschreckt.«

»Aber uns so im Busch zu lassen? Was ist das für eine Art? Verheimlichst du etwas vor mir?«

Fari wußte nicht, wie sie es ihr vorsichtig sagen konnte, und ihre Großmutter ahnte bereits die Wahrheit. »Er ist mit einer großen Tasche voll Waffen in den Busch gelaufen. Verstehst du, was es heißt, daß wir mit diesen Dingern durch zwei Straßenkontrollen gefahren sind?« Sie zitterte bei dem Gedanken daran, was ihnen hätte passieren können. Sie hätten alle von der Polizei erschossen werden können, auf der Stelle.

»Der Krieg ist ein guter Krieg. Unterstützt du ihn nicht?« fragte Großmutter.

»Es geht nicht darum, ob ich den Krieg unterstütze. Es geht darum, unser Leben zu riskieren. Ich wünschte, Vater hätte mitfahren können oder Tonderayi. Es ist schrecklich, daß man beiden nicht erlaubt hat, Urlaub zu nehmen.«

»Wir riskieren unser Leben jeden Tag, den wir leben.«

»Wenigstens hätte er es uns sagen können. Wie konnte er uns so benutzen?«

»Wenn du zeigst, daß du ihm nicht traust, wirst du vielleicht nicht mehr bis morgen leben.«

»Einen gewöhnlichen Mann auf der Straße zu treffen, ihn mit der Hand zu begrüßen, einen Nachmittag lang mit ihm zu reden und dann mitten in der Nacht festzustellen, daß er nicht der ist, für den du ihn gehalten hast – findest du das nicht beunruhigend?«

»Hättest du ihm geholfen, wenn er dir die Wahrheit gesagt hätte?«

Fari wollte nicht weiter über den Mann sprechen. »Wir können jetzt nur auf ihn warten. Wir können nirgendwo anders hingehen, und ich glaube nicht, daß er uns etwas antun will.«

Fari setzte sich mit dem Rücken gegen den Laster, während sich die Dunkelheit wie Wasser über die Erde verteilte. In unheimlicher Silhouette flirteten die Baumkronen mit dem Wind, während eine Reihe kleiner Sterne wie Saatkörner am Himmel verstreut war. Fari fehlte die starke Bindung an die Tradition, die ihr Großvater trotz der vielen Jahre in der Stadt behalten hatte. Es war seit jeher sein Ziel, in sein Dorf zurückzukehren. Diejenigen, die im Busch kämpften, kämpften dafür, in die Welt des weißen Mannes einzutreten, und nicht dafür, ihre eigene zu erhalten.

Während des Waffenstillstands

Der Zug, der dunkle Rauchwolken in die Morgenluft bläst, ist voller Frauen, die ihre Söhne in den Sammellagern besuchen. Mütter sorgen sich nach Jahren des Wartens, daß sie ihre Söhne vielleicht nicht finden werden. Sie sehnen sich danach, die lange Qual zu beenden; viele Jahre lang haben sie gehofft, daß ihre Söhne zurückkehren. Es sind auch Frauen dabei, die fürchten, daß sie ihre Männer nicht finden werden. Es gibt auch andere Frauen, deren Herzen voll Angst sind, da sie nur überleben konnten, indem sie sich neue Männer gesucht haben; neue Familien sind entstanden. Dennoch fahren auch sie zu den Sammellagern, um sich mit der Vergangenheit auseinanderzusetzen.

Es kursieren zahlreiche Gerüchte, von interessierten Beobachtern verbreitet, nach denen die Männer in den Sammellagern Reichtum mitgebracht haben – großen Reichtum. Die Frau hat diese Einzelheiten gehört, und sie wird die Soldaten begrüßen und vielleicht etwas verdienen.

»Wen gehen Sie suchen?« fragen die älteren Frauen einander. Geschichten werden ausgetauscht, und die meisten ähneln sich. Sie halten einander die Hände, um sich zu trösten, dann weinen sie und bestätigen damit, daß sie gelitten haben. Eine mutige Frau stimmt ein Lied an, um die düstere Stimmung zu vertreiben. Es handelt von Lazarus, der von den Toten aufersteht. Als der Zug kurz an einem Bahnhof hält, beenden die Frauen das Lied, und als der Zug wieder losfährt, wird es nicht wieder aufgenommen. »Meinen Sohn wiederzusehen ... meinen Sohn zu sehen ... es wäre ein Wunder ... ein Wunder...« sagt eine Frau zu niemand Bestimmtem.

Es waren kaum Männer in dem Waggon, nur Frauen, die die verlorenen Früchte ihrer Leiber suchten. Die jungen Frauen im Waggon sprachen kaum und wichen scheu den anklagenden Blicken der älteren Frauen aus, die trauerten. Die Frau schaute ruhig um sich und überließ dann ihren Blick den Bäumen vor den Fenstern.

Sie hielt sich am Zaun fest, während sie in das Lager schaute und beobachtete, wie ein Strom Frauen ihre Namen eintrugen, die Sicherheitsüberprüfung über sich ergehen ließen und dann zu den grüngetarnten Zelten gingen, die über das riesige, eingezäunte Gelände verteilt waren. Manche Frauen brachen in Tränen aus, als sie ihre Kinder wiedersahen. Vernarbte Gesichter, die sie kaum wiedererkennen konnten, kamen unter den Schutzdächern hervor und riefen: »Mutter! Mutter!« Doch die meisten trugen jetzt andere Familiennamen und Vornamen. Sie hatten das Land verlassen müssen unter falschen Namen, die bald vertraut geworden waren. Zuviel Zeit war vergangen.

Die beiden Lager waren nicht weit voneinander entfernt. Die Männer hatten sich geweigert, ihre Waffen abzugeben. Sie wollten auf die Wahlen warten. Die Frau ging zum Zaun und wartete darauf, daß jemand sie bemerkte. Irgend jemand. Die Sonne malte diamantförmige Schatten in ihr Gesicht. Sie war durch Schatten und Licht entstellt. Sie waren am Morgen angekommen, wußten aber, daß sie bis zum Abend würden warten müssen, bevor sich ihnen jemand nähern würde. Die Männer in den Sammellagern suchen Frauen. Manche von ihnen hatten jahrelang keine Frauen gehabt. Der Busch ist ein einsamer Ort.

Ein Mann kam am frühen Abend vorsichtig auf sie zu und nahm sie mit in sein Zelt, in dem Frauen nicht über Nacht bleiben durften.

Sie war sehr neugierig. Hatte er jemanden getötet ... hatte er weiße Männer getötet? Wie war es, im Busch zu leben ... konnten sie überhaupt schlafen? Aber er sagte nichts zu ihr. Sein Blick ließ sie schweigen. Sie zitterte ängstlich und richtete ihre Augen auf das grüne Zeltdach, das kraftlos flatterte.

Sie wollte ihn fragen, ob er von irgendwelchen Verwandten besucht worden war. War seine Mutter gekommen? Lebte sie noch? Sie wollte wissen, ob es ihm etwas bedeutete. Statt dessen lag sie unter der dunklen Seite des Zeltes, und er lag unter dem gedämpften Licht der untergehenden Sonne. Die halbe Nacht lang berührte er sie nicht einmal. Dann wachte er plötzlich auf, sein Gewehr in der Hand, und verlangte nach ihr. Der Frau war das Gewehr gleichgültig, das der Mann liebevoll umarmte. Sie zweifelte, daß er ihr etwas geben würde.

Sie würde morgen ihr Glück mit einem anderen versuchen. Sie hörte ein Grollen durch die weiche Erde. Als der Soldat in sie eindrang, das Gewehr zärtlich in seinem rechten Arm haltend, fragte sie sich, ob es regnen würde. Er umarmte sie nicht. Die Frau machte sich Sorgen um den Schein, den sie über dem Kopf des Mannes aufleuchten sah, unterhalb des Zeltdachs.

Der Himmel leuchtete in explodierendem Feuer auf. Die zwei Sammellager lagen im Kampf. Die Nacht brach in Waffengesang aus.

Als mitten in der Nacht Schüsse neben dem Zelt einschlugen, bereute die Frau ihren Besuch. Der Mann hatte sie wortlos liegenlassen und war aus dem höhlenähnlichen Raum gesprungen, den er mit einer Frau hatte menschlich gestalten wollen.

Die Frau lag bewegungslos und spürte neben sich den kalten, leeren Raum, wo der Mann gelegen hatte. Sie beobachtete, wie das Licht über dem Zelt heller wurde, und fragte sich, ob der Soldat überleben würde. Nachdem sie sich angezogen hatte, legte sie sich wieder hin und wartete.

Dann kamen in beiden Lagern die Soldaten angefahren, und ihre Lichter brannten große Kreise auf die Zeltwände; sie befahlen den Frauen, die unter den Schutzdächern kauerten, in die großen Lastwagen zu steigen. Die Fenster der Lastwagen waren mit gitterähnlichen Stäben verstärkt, und die Frau fühlte sich wie im Käfig. Ihre Augen folgten dem Feuerbogen der Rückzugsgefechte. Sie spürte, wie ein salziger Tropfen zu ihrem Mundwinkel rann, und wischte sich die Tränen mit dem Rücken ihres bloßen Armes ab.

Die Frauen verbrachten die Nacht in einer Gefängniszelle und wurden am Morgen freigelassen, auf die Straße geworfen. Der Kampf in den Lagern ging weiter. Während des Waffenstillstands.

Einige Männer starben nur wenige Wochen, nachdem sie nach Hause zurückgekehrt und nachdem sie im Busch jahrelang feindlichen Kugeln entkommen waren. Die Frau stieg in den Zug, um nach Hause zu fahren, und in der Ferne, bei den Sammellagern, zu denen sie am Tag zuvor ihre Hoffnung getragen hatte, hallte der Himmel von Maschinengewehrsalven wider. Die Frau erschreckte sich, als der Zug einen durchdringenden Schrei in den Nachthimmel schickte. Ihre Stunde war gekommen und gegangen.

Es ist vorbei

Es war klar, daß der Zug eine Weile am Bahnhof stehen würde, bevor er weiter zur Stadt fuhr. Der Schaffner war ausgestiegen und ging an den Wagen entlang. Bevor sie einstieg, stand Chido eine Weile draußen und beobachtete, wie ein junger schwarzer Mann in einer blauen Rhodesia-Railways-Uniform Kohlen in den Kessel schaufelte. Seine starken Arme wuchteten vor und zurück, während seine Lippen im Kampf gegen die sengende Hitze fest zusammengepreßt waren. Er schwitzte heftig. Chido spürte die kalte Luft auf ihren Wangen und hielt ihren Schal fest um den Hals.

Ein kratzendes Geräusch drang jedesmal durch die kalte Luft, wenn der Mann seine Schaufel in den schwarzen Kohlenhaufen stieß. Auch dagegen protestierte sein verzerrtes Gesicht. Eine schwarze Staubwolke stieg ihm aus dem riesigen Kohlenhaufen ins Gesicht, und der Mann hustete laut und legte die Schaufel beiseite, um sich die Brust zu halten. Er wischte seine Arme ab, die mit Ruß bedeckt waren, doch der schwarze Staub blieb an ihnen haften. Indes loderten die Kohlen in wütendem Rot.

Als sie merkten, daß dies ein längerer Aufenthalt sein würde, nahmen die Passagiere im Zug die Gelegenheit wahr, auszusteigen und umherzugehen. Männer urinierten in das lange Gras. Die Frauen, die ihre Babys in dünnen Tüchern auf ihren Rücken trugen, fanden auf der kahlen Erde zwischen dem Gras Stellen, wo die Männer sie nicht sehen konnten.

Chido fühlte sich allein zwischen den vielen Gestalten, die entlang des Zuges auf und ab gingen und sich laut begrüßten. Die kalte Luft stand zwischen ihnen. An dem Morgen, an dem sie aus dem Krieg nach Hause gekommen war, hatte Mutter sie nicht erkannt. Sie hatte wortlos auf dem Treppenabsatz gestanden und ihre Mutter angestarrt, die ihren Blick leer erwiderte. Dann hatte Chido etwas gesagt, und Mutter hatte sich aufgrund der Stimme ihrer Tochter erinnert. An jenem Morgen hatte Mutter für sie Brot geschnitten und Tee gekocht. Das Wasser dafür hatte sie mit dem letzten Holz, das ihr geblieben war, erhitzt. Nach den Umarmungen und den jubelnden Rufen bereitete die Mutter die Tochter auf einen neuen Anfang vor. Vater war gestorben, und Mutter war jetzt allein. Mutter beklagte sich darüber, daß Chidos Bruder Peter, der im Radioladen arbeitete und jetzt verheiratet war, kaum etwas zu ihrem Überleben beitrug.

»Chido, was wirst du machen, jetzt, wo du zurückgekommen bist?« An jenem Morgen antwortete Chido nicht, sondern ging in ihr altes Zimmer, um sich auszuruhen.

Am zweiten Morgen nach ihrer Ankunft saß Chido mit ihrer Mutter im Schatten der Veranda und beobachtete die Köpfe der Leute, die hinter der hohen Hecke vorübergingen.

»Wie war es dort, wo du warst?« fragte Mutter, besorgt. Chido ärgerte sich, daß ihre Mutter diese Frage stellte, daß sie eine Antwort von ihr erwartete.

»Es war okay«, sagte sie und zuckte ungeduldig mit den Schultern. »Es war okay.« Mutter wußte, daß ihre Tochter ungeduldig war. Trotzdem, sie war neugierig.

»Hast du dich gefürchtet, mein Kind? Ich hab mir so oft Sorgen um dich gemacht. Ich hab oft geträumt ...« Doch Chido hatte das Gefühl, daß Mutter ihr eine weitere Last zuschob, und sie wollte ihr nicht zuhören.

»Rede nicht so, Mutter. Rede nicht so.« Die Tochter war gekränkt. Sie wollte sich nicht erinnern. Wenn sie redete, mußte sie sich erinnern. Sie wußte nicht, wer sie geworden war, und sie wollte es nicht wissen. Warum wollte Mutter es wissen?

»Warum versteckst du dich vor mir?« flehte Mutter. »Ich bin deine Mutter.« Chido schaute weg zu den rosafarbenen Blüten, die den Pfirsichbaum bedeckten und in der Sonne sehr schön aussahen. Wenn der Wind blies, fielen ein paar von ihnen herunter. Mutter sah die Fremde an, die ihre Tochter war, und bewegte sich zu ihr hin in dem Versuch, sie zu erkennen. Das haßte die Tochter, doch konnte sie nicht wegrücken, weil sie Mutter nicht verletzen wollte. Sie hoffte, Mutter würde sie nicht berühren, und sie war wütend und verwirrt.

»Chido. Was wirst du tun, jetzt, wo du zurückgekommen bist?« fragte Mutter wieder. Es war gerade zwei Tage her, daß sie nach Hause gekommen war, und Chido wollte keine Fragen beantworten.

»Die Mädchen, die du zurückgelassen hast, sind inzwischen alle verheiratet und haben Kinder. Du kannst

Maria besuchen, deine Freundin von der Oberschule. Sie hat immer nach dir gefragt, als du weg warst. Willst du nicht Maria besuchen, und ihre Kinder?« fragte Mutter, aber sie legte nicht die Arme um das Mädchen, und Chido war froh darüber.

»Ich werde Maria besuchen, Mutter, aber nicht heute.«

»Was für eine Arbeit wirst du finden, da du die Schule nicht abgeschlossen hast? Maria ist jetzt Lehrerin. Aus ihr ist etwas geworden.« Mutter wußte nicht, wie sehr sie ihre Tochter verletzte. »Maria sagt, jetzt, wo der Krieg zu Ende und die Unabhängigkeit da ist, wird sie in der Stadt unterrichten, mit den weißen Lehrern.«

Chido leugnete nicht, daß sie nicht mitgekommen war. Die, die zu Hause geblieben waren, hatten mehr Erfolg. Die Art Erfolg, die zählt.

»Du solltest daran denken zu heiraten«, sagte Mutter. »Das ist zumindest ein Anfang.« Mutter war sicher, daß sie recht hatte, aber das Mädchen wußte, daß ihr gesagt wurde, sie solle gehen, nachdem sie gerade zurückgekommen war. Das Mädchen wußte, daß sie eine Last war für Mutter, die keine Mittel besaß, sie zu beschützen.

Am dritten Tag, nachdem das Mädchen zurückgekommen war, saß sie mit Mutter in der Küche und erzählte ihr, daß sie weggehen würde.

»Wohin gehst du?« fragte Mutter in Panik, obwohl sie froh war, daß eine Entscheidung getroffen war.

»Ich weiß es noch nicht genau, aber ich werde morgen weggehen.«

»Du hast deinen Bruder Peter noch nicht gesehen. Möchtest du ihn nicht sehen? Vielleicht brauchst du ihn eines Tages, versuch also, im Guten auseinanderzugehen. Du hast auch seine Frau nicht kennengelernt. Möchtest du denn nicht die Frau deines Bruders kennenlernen?« Das Bemühen der Mutter, die Familie zusammenzuhalten, würde scheitern. Es war das zweite Mal, daß die Tochter von zu Hause weggehen würde, doch diesmal hatte sie die Entscheidung nicht allein getroffen. Sie hatte nichts, das sie ihr eigen nennen konnte.

»Was soll mir das nützen, Mutter? Was soll mir das nützen?« flehte das Mädchen machtlos. Doch Mutter wußte nichts von den Ängsten des Mädchens und blieb beharrlich.

»Es ist vorbei, Mutter«, sagte das Mädchen und ging zur Tür hinaus. »Es ist vorbei.« Mutter aber schaute nur zum Fenster hinaus auf den Regen, der nicht mehr fiel. Chido ging zum Bahnhof und machte sich auf den Weg nach Harare, um das Leben in einer großen Stadt zu versuchen.

Der Schaffner pfiff, und die Passagiere drängten sich in die Waggons. Chido war eine der letzten, die in den Zug einstiegen, und sie beobachtete, wie die Bäume vorüberrasten und der Rauch des Zuges den bewölkten Himmel grüßte.

Nachwort

Schreibende Frauen gibt es in Afrika noch nicht lange. Während Frauen in der oralen Kultur als Geschichtenerzählerinnen eine wichtige Rolle spielten, hatten sie es schwer, sich in der verschrifteten Kultur einen Platz zu erobern. In Simbabwe gibt es seit 1990 die Organisation *Zimbabwe Women Writers*, in der überall im Land viele hundert Frauen zusammengeschlossen sind, um sich und andere Frauen zum Schreiben zu ermutigen sowie dem gängigen negativen, männlich geprägten Bild der schreibenden Frau entgegenzutreten. Frauen berichten, wie sie heimlich nachts bei Kerzenschein schreiben müssen; wie ihre Männer ihnen ihre Manuskripte wegnehmen, sie verbrennen oder ihre Zigaretten daraus rollen, denn »Frauen sind doch nicht zum Bücherschreiben da ...«. Die Vorurteile von Ehemännern, Kollegen und Verlegern, aber vor allem auch die schlechtere Schulausbildung machten und machen es Frauen schwer, sich als Schriftstellerinnen zu profilieren.

Anfang der fünfziger Jahre wurden die ersten Romane simbabwischer Autoren veröffentlicht, in Shona und Ndebele; bis zur Unabhängigkeit Simbabwes 1980 stieg ihre Zahl rasch an. Autorinnen waren dabei nur sehr schwach vertreten. Aufgrund der kolonialistischen Kulturpolitik wurde die Literatur in den »einheimischen« Sprachen lange Zeit als minderwertig angesehen, im Bereich des Trivialen oder der Folklore angesiedelt. Bis heute hat die Literatur in Englisch ein höheres Prestige; sie wurde in den siebziger Jahren von der schwarzen Bildungselite, vor allem im Exil, entwickelt. Frauen gab es darunter nicht. Erst 1984 erschienen die ersten kleinen Veröffentlichungen von Frauen in Englisch. Zu einem Durchbruch für die simbabwische Frauenliteratur kam es schließlich 1988 mit dem Roman »Nervous Conditions« (dt. Der Preis der Freiheit) von Tsitsi Dangarembga, der international sehr viel Beachtung gefunden hat. Die zweite wichtige Stimme einer simbabwischen Autorin, die mit »Seelen im Exil« auch in Deutschland bekannt gemacht wird, ist Yvonne Vera.

»Als Simbabwe unabhängig wurde, war ich fünfzehn Jahre alt, deshalb vielleicht schreibe ich, deshalb vielleicht bedeutet mir Kunderas Satz vom Kampf gegen das Vergessen als Beschreibung des Kampfes gegen Macht so viel. Erinnerung ist für mich der Akt des Schreibens.«*

Die ersten 15 Lebensjahre Yvonne Veras gehören zu den schlimmsten Jahren in der Geschichte ihres Landes. 1965, ein Jahr nach Veras Geburt, verkündete Ian Smith als Premierminister Rhodesiens die einseitige Unabhängigkeit seines Landes von der englischen Krone. Das war die Reaktion der rassistischen, rechten *Rhodesian Front* auf die nationalistische Befreiungsbewe-

---

* Yvonne Vera, »Chamäleon – ungekocht«, in: DU 12/95 und 1/96, S. 130–31; 196.

gung im Land, die sich seit 1960 zunehmend radikalisiert hatte. Während die meisten afrikanischen Staaten Anfang der sechziger Jahre ihre Unabhängigkeit erhielten, weigerten sich die weißen Siedler Rhodesiens, ihr Land einer schwarzen Mehrheitsregierung zu überlassen. Rhodesien wurde zum Polizeistaat. Es herrschte eine strenge Zensur von Schriften und Büchern kritischen Inhalts. Die politischen Führer gingen entweder ins Exil oder ins Gefängnis. Vom Ausland aus wurde die Befreiungsbewegung fortgesetzt. In den Nachbarländern Sambia und Mosambik entstanden Lager, in denen sich die beiden simbabwischen Befreiungsarmeen organisierten und auf den bewaffneten Kampf vorbereiteten. 1972 begann der eigentliche Krieg: Guerrillaeinheiten infiltrierten Simbabwe und versuchten, mit Hilfe der bäuerlichen Bevölkerung befreite Gebiete zu schaffen. Es kam immer häufiger zu bewaffneten Auseinandersetzungen zwischen der Guerrilla und der rhodesischen Armee. Die Bevölkerung stand zwischen zwei Fronten, lebte in ständiger Angst; viele wurden umgesiedelt und in militärisch bewachten Lagern festgehalten. In den Städten und Townships, in den Schulen und an der Universität war die Lage aufs äußerste gespannt: Man lebte in ständiger Angst, denn alles war durchsetzt mit Spitzeln und Denunzianten. Gleichzeitig wurde Ian Smiths Rhodesien weltweit immer mehr isoliert. Es gab weitreichende internationale Sanktionen und Boykotts, und in Europa gewann die Solidaritätsbewegung für den simbabwischen Befreiungskampf zunehmend an Stärke.

Für die schwarze Intelligenz des Landes, die Gruppe, die es geschafft hatte, über Eliteschulen an die Universität zu kommen, sah die Lage trostlos aus. »Jene Jahre der Dürre und des Hungers« – wie sie genannt wurden – brachten eine Literatur hervor, die geprägt war von Hoffnungslosigkeit und Skepsis gegenüber der Zukunft; Metaphern des Hungers und der Dürre machten Bücher wie Dambudzo Marecheras »Haus des Hungers« oder Charles Mungoshis »Waiting for the Rain« und »Coming of the Dry Season« zu nationalen Allegorien: Sie drückten das Gefühl von Stagnation und Depression aus, in dem sich die schwarze Intelligenz befand, losgelöst von ihren Brüdern, die mit der Waffe in der Hand kämpften. Doch früher, als viele gemeint hatten, ging diese Situation zu Ende. Aufgrund der Erfolge der Befreiungsbewegung, die gegen eine vielmals technisch überlegene rhodesische Armee kämpfte, und aufgrund verstärkten internationalen Drucks wurde der Krieg durch das in England abgeschlossene Lancaster-House-Abkommen im Jahre 1979 beendet; 1980 fanden die ersten freien Wahlen statt, und eine Mehrheitsregierung mit Robert Mugabe an der Spitze wurde gewählt. Am 18. April gewann Simbabwe in einem feierlichen Akt, zu dem der englische Thronfolger Prinz Charles gekommen war, seine Unabhängigkeit.

Yvonne Vera war damals 15 Jahre alt. Wie hat sie den Krieg erlebt? Behütet in einer Geschäftsfamilie in Bulawayo wuchs sie auf und ging dort bis 1981 zur Schule. Der Krieg kam zu ihr durch die Geschichten, die die

Erwachsenen in ihrer Familie darüber erzählten, durch die geflüsterten Unterhaltungen, die Ängste, die sich ihr mitteilten. Und immer wieder sah sie Bilder von Verwandten, die in den Krieg gegangen waren, von denen man nicht mehr gehört hatte. »Mein Onkel verließ uns ganz plötzlich eines Nachmittags, als er gerade Essen für mich zubereitet hatte, Kutteln und grünes Gemüse mit ganz viel Pfeffer. Er verschwand einfach. Nach dem Krieg kam er zurück.« In der Schule herrschte ständige Unruhe und ebenfalls Angst. Immer neue Kinder kamen in Yvonnes Schulen, weil andere Schulen, die in den Kampfgebieten lagen, geschlossen wurden. Dauernd gab es Durchsuchungen im Township – für Vera ein »schreckliches Eindringen in die Privatsphäre und ein Zurschaustellen unserer Armut«.

Die Geschichten über diese Zeit schreibt sie erst viel später, 1991, nachdem sie 22jährig zum Studium nach Kanada gegangen ist. In diesem fremden Land fühlt sie sich verlassen, entwurzelt. Sie fängt an zu schreiben, um sich mit ihrem Land und seiner Kultur identifizieren zu können. »Unabhängigkeitstag« – ihre erste Geschichte – entstand aus Abenteuerlust, aus der Freude am Experimentieren. Die Geschichten gefielen einem Freund. Er bot sie dem Verlag Tsar Publications in Toronto an, der sie 1992 veröffentlichte. In Simbabwe wurden sie erst zwei Jahre später verlegt, nachdem Vera durch ihr dort 1993 erschienenes Buch »Nehanda« bekannt geworden war.

Der historische sowie literarische Diskurs über den Befreiungskrieg in Simbabwe hat sich im Laufe der

Jahre verändert. In der Euphorie unmittelbar nach der Unabhängigkeit erschienen einige Romane, die die Rolle der Guerrilla in überzogener Weise idealisierten und den Kampf romantisierten. Ähnlich wurde in den ersten historischen Darstellungen der Kurs der Regierungspartei ZANU und ihrer Befreiungsarmee ZANLA uneingeschränkt bestätigt. Gegen Ende der achtziger Jahre, als es die ersten großen Korruptionsskandale gab, in die Minister, Veteranen des nationalistischen Kampfes, verwickelt waren, setzte in der simbabwischen Bevölkerung Ernüchterung ein über diese »Heroen« des Krieges. Man fing an, auch diesen Krieg mit kritischen Augen zu sehen, das glorifizierende Bild zu demontieren. Romane von ehemaligen Kämpfern, den sogenannten »Exkombatanten«, schilderten, wie sich Kader oft aus sehr opportunistischen und persönlichen Gründen der Befreiungsarmee angeschlossen hatten. Insbesondere wird nun sowohl in der historischen wie der literarischen Verarbeitung des Krieges der Mythos von der harmonischen Verbindung zwischen Kämpfern und Bevölkerung in Frage gestellt. In der Literatur über den Krieg gibt es immer wieder Szenen, in denen Guerrilleros Menschen in den Dörfern zu Tode schlagen, meist, weil sie angeblich Verräter sind: so in einer Schlüsselszene in dem bekannten Roman »Dornenernte« von Shimmer Chinodya, in der der Protagonist, ein Guerrillero, den Höhepunkt seiner Entfremdung diesem Krieg gegenüber verspürt.

Vereinzelt werden auch die Stimmen der Frauen gehört, die diesen Krieg durchleiden mußten. In »Mothers of the Revolution« von Irene Staunton schildern 30 Frauen in ausführlichen Interviews den Krieg aus ihrer Sicht: welche Leiden sie auf sich nehmen mußten, damit dieser Krieg gewonnen werden konnte, und wie sie der Brutalität der Befreiungskämpfer ausgeliefert waren – sie mußten sie mit allem versorgen einschließlich ihrer Töchter. Erst jetzt, in den allerletzten Jahren, ist dieses Thema der traumatischen Kriegserfahrungen von Frauen offen angegangen worden: Ehemalige Befreiungskämpferinnen erklären öffentlich, daß sie von Mitkämpfern vergewaltigt wurden. Freedom Nyamubaya ist eine solche Exkombatantin; schon in ihrem 1986 erschienenen Gedichtbändchen »On the Road Again« hatte sie mit viel Bitterkeit deutlich gemacht, daß die Geschlechterfrage keineswegs gelöst sei. Obwohl Frauen in diesem Krieg auch mit dem Gewehr in der Hand gekämpft haben, hat sich im Rollenverhältnis nichts geändert. Heute geht Nyamubaya noch weiter und erklärt öffentlich, daß sie vergewaltigt worden sei, von eigenen »Genossen«.

Wie nun verhält sich hierzu Yvonne Veras »Erinnerungsarbeit« in den Kurzgeschichten von »Seelen im Exil«, die sie aus örtlicher und zeitlicher Distanz heraus schrieb, um die Verbindung mit ihrem Land, seinen Menschen und seiner Geschichte herzustellen? Die Geschichten erscheinen wie eng fokussierte Ausschnitte aus dem Leben von Menschen, die in irgendeiner Weise von dem Krieg betroffen sind. Die Form der Kurzgeschichte erlaubt es, ein Schlaglicht zu werfen auf einen bestimmten Ort, in einem bestimmten Moment. Zusammengehalten werden alle ihre »Momentaufnahmen« durch den weiblichen Blick, die Perspektive der Frauen auf diesen Krieg. Dabei ist dieser Blick nicht auf den Krieg als solchen gerichtet, sondern auf die vielen, scheinbar kleinen Randerscheinungen, die Auswirkungen, die er auf das Leben von Frauen hat. Die Anteilnahme am Schicksal, am Leben, Denken und Fühlen der Frauen erfüllt die Geschichten mit einer »empfindsamen Zärtlichkeit«, wie Yvonne Vera sie jetzt, aus dem Abstand heraus, empfindet.

Während aus dem Snapshot auf den »Unabhängigkeitstag« sarkastischer Hohn über das scheinbar unveränderliche männliche Gebaren spricht und die Frau ein reines Objekt bleibt, findet diese doch Schutz in dem »grünen Raum in ihrem Kopf«. Auf sehr subtile Art hebt Vera in der längsten Geschichte, »Grenzüberschreitungen«, Rassen- und Klassenprobleme auf die Ebene zwischenmenschlicher Kommunikation. Während im Hintergrund der Donner des Befreiungskrieges auf eine veränderte Zukunft hinweist, sind die unter einem Dach eingeschlossene weiße Farmersfrau und der schwarze Diener eingekapselt in ihrer je eigenen Welt, und doch vermitteln sehr feinfühlige Bilder ihres Schweigens und ihrer non-verbalen Kommunikation, wie die »Lücken« und »Pausen«, die »Gitter ihrer Furcht« ihre »ausgewiesenen Seelen« voneinander trennen und gleichzeitig gegen ihren Willen zusammenhalten. Auch klingt in dieser Geschichte das aus Doris Lessings »Afrikanischer Tragödie« bekannte Motiv der weißen Farmersfrau an, die sich ständig von »schwarzen Augen« beobachtet fühlt und verzweifelt versucht, sich dagegen zu schützen.

In einer knappen Nachkriegsprosa fangen Veras Geschichten die Traumata der Menschen am Rande dieses Krieges ein: der alte Schuster, der verfolgt wird von dem Bild seines verbrannten Dorfes und seiner Verwandten, die mit dem Dorf ausgelöscht wurden; die Frauen an ihren Marktständen, die sich gegenseitig erzählen, wie schwer es ist, ohne Männer zu leben. Doch immer wieder dominieren das Schweigen, die unüberbrückbaren Barrieren, die das Kriegserleben zwischen Männern und Frauen, zwischen Müttern und Töchtern aufgebaut hat. Nach dem Waffenstillstand nimmt der Soldat eine Frau mit in sein Zelt; wortlos schläft er mit ihr, sein Gewehr zärtlich im Arm. Menschliche Berührungen sind unmöglich geworden, die Sprache versagt: »Der Mann hatte sie wortlos liegenlassen und war aus dem höhlenähnlichen Raum gesprungen, den er mit einer Frau hatte menschlich gestalten wollen.«

Die letzte Geschichte in der Sammlung macht klar, daß es nicht möglich ist, an den Beziehungen anzuknüpfen, die vor dem Krieg bestanden: »Es ist vorbei«. Die Tochter, die selber in der Guerrilla gekämpft hat, kommt zurück zu ihrer Mutter. Doch zwischen beiden besteht eine völlige Entfremdung. Die Tochter ist durch den Krieg eine andere geworden – »die Fremde . . ., die ihre Tochter war« –, und sie ist anders als die anderen

Mädchen ihres Alters, die die Schule abgeschlossen, geheiratet und Kinder bekommen haben. Sie muß die Mutter verlassen, in die Stadt gehen, ihr eigenes Leben leben.

Für Yvonne Vera ist das Schreiben eine Berufung. Sie schreibt aus einem inneren Impuls heraus ohne moralische oder didaktische Absicht. Sie spricht Ndebele und Shona, die beiden afrikanischen Hauptsprachen in Simbabwe, aber sie schreibt in Englisch. Das ist für sie kein Widerspruch zu ihrer Identifikation mit der Kultur ihrer Heimat. Wie für viele postkoloniale Autoren und Autorinnen ist für sie Englisch, die Sprache ihrer literarischen Bildung, auch zu einer einheimischen Sprache geworden: »Wenn man es benutzen kann, um sich zu befreien, warum sollte man es dann aufgeben?« Und für Vera bedeutet Schriftstellerei vor allem den bewußten, schöpferischen, experimentellen Umgang mit Sprache.

Die Kurzgeschichten in »Seelen im Exil« leben von einer gewissen Ökonomie der Sprache, einer sparsamen und doch äußerst präzisen Plazierung von Bildern. In ihren zwei folgenden Prosawerken »Nehanda« (1993) und »Without a Name« (1994) hat Vera ihren Schreibstil wesentlich weiterentwickelt. Ihre Sprache verdichtet sich zu einer lyrischen Prosa, die gefangennimmt durch ihren inneren Rhythmus und gleichzeitig schockiert durch ihre eigensinnige, fast gewaltsame Bildschöpfung. Dabei erscheint ihr Schreiben als sehr körperlich. Nehanda, die Führerin des ersten Aufstandes der Shona und Ndebele gegen die englischen Siedler unter Cecil Rhodes 1896/97, gilt in Simbabwe als Symbol des nationalen Widerstands. Vera empfindet das Leben dieses *spirit medium* nach, indem sie sie in ihrer Körperlichkeit neu erstehen läßt, als starke, aber doch verletzliche, verwundbare Frau. Der Körper ist eng verbunden mit dem Ritual, das die mystische, kosmische Verbindung zwischen Mensch und Natur, Lebenden und Toten herstellt. Gleichzeitig wird die lineare Struktur der Zeit aufgehoben, Gegenwart, Vergangenheit und Zukunft fließen ineinander.

Auch in »Without a Name« gibt es keinen wissenden und ordnenden Erzähler, die Erzählung erscheint wie ein einziger, spiralförmiger innerer Monolog. Sie beginnt mit dem Ende: Eine Frau fährt mit ihrem toten Baby, das sie sich auf den Rücken gebunden hat, im Bus nach Hause aufs Land. Daß das Baby tot ist und warum sie es getötet hat, erfährt man erst nach und nach. In einer Welt ohne Liebe konnte sie das Kind nicht willkommen heißen, ihm keinen Namen geben, ihm nicht Mutter sein. Diesen ungeheuerlichen Affront auf den (männlichen) Topos von der Fruchtbarkeit der afrikanischen Frau vermittelt Vera in einer Sprache, die die Bilder des Unbewußten nachzuzeichnen scheint, einer Sprache, die Schmerz zuläßt und zufügt.

Flora Veit-Wild

Bessie Head
Sternenwende

Roman

Aus dem Englischen von Susanne Koehler
Mit einem Nachwort von Heike Brillmann-Ede
Lamuv Taschenbuch 208

Miriam, Tochter einer weißen Südafrikanerin und eines Schwarzen, wächst in Pflegefamilien in einer schwarzen Slumsiedlung auf. Als sie Anfang 20 ist, findet sie als Journalistin in Kapstadt Beschäftigung. Als Gerichtsreporterin ist sie tagtäglich mit dem Schicksal von Menschen konfrontiert, die laut Gesetz illegale Beziehungen pflegen: Weiße, schwarze und andersfarbige Südafrikaner geraten genauso in die Mühlen der Justiz wie Ausländer.
Johnny, ein schwarzer Kollege, erkennt Miriams Talent und will sie fördern. Sie, durchaus selbstbewußt, aber doch sehr zurückgezogen lebend, akzeptiert ihn als Partner. In Miriam sieht Johnny die Frau, vor der er sich nicht verstecken muß und mit der er die Liebe körperlich und intellektuell genießen will. Daß sie in Wirklichkeit Vater und Tochter sind, wissen sie nicht.

Bessie Head kam 1937 als »illegitimes Mischlingskind« in Pietermaritzburg (Südafrika) zur Welt. Ihre Mutter war eine Weiße. Den Vater, einen Schwarzen, lernte sie nicht kennen. Die Mutter starb, als sie sechs war, in der Psychiatrie.
Sie wuchs in einem anglikanischen Missionswaisenhaus auf, studierte, wurde Lehrerin (1956–1958), arbeitete danach als Journalistin, beteiligte sich am Widerstand gegen die Apartheid, heiratete 1962 einen Kollegen, wurde Mutter eines Sohnes. Ihr Mann floh 1964 nach England. Sie selbst verließ mit ihrem Sohn Südafrika, ging nach Botswana, wo sie als Lehrerin und Autorin arbeitete. 1969 wurde ihr erster Roman veröffentlicht. In den folgenden Jahren erschienen weitere Romane und Erzählungen, unter anderem in deutscher Übersetzung.
Bessie Head starb 1986 im Alter von 49 Jahren an Gelbsucht.

Ein Buch aus dem Lamuv Verlag

Zoë Wicomb

In Kapstadt kannst du nicht verlorengehen

Erzählungen

Aus dem Englischen von Karen Nölle-Fischer
Mit einem Nachwort von Geoffrey V. Davis
Lamuv Taschenbuch 209

»Als Teenager wollten wir weiß sein, jetzt wollen wir wie reinblütige Afrikaner sein. Auf die Idee, wir selbst zu sein, sind wir noch nie gekommen.«

Frieda Shenton, eine sogenannte farbige Südafrikanerin, wird in einem rassistisch geprägten Staat erwachsen. Die Erzählungen veranschaulichen den Versuch einer jungen Frau, zu sich selbst zu finden, ihren Platz in der Welt zu bestimmen und mit den verschiedenen Anforderungen durch Familie, Gemeinde und Gesellschaft zurechtzukommen.
Frieda erhält eine englische Erziehung, besucht eine Privatschule, die Universität. Sie nimmt Abschied vom Burenstaat, in dem sie eigentlich nie mehr leben will, und geht nach England, doch sie kehrt zurück...
Die Apartheid durchzieht das Buch wie ein roter Faden. Es geht um Vorurteile, die das Zusammenleben von Weißen und Schwarzen in allen Lebensbereichen belasten, um gemischtrassische Beziehungen, schwarze Rechtlosigkeit und Selbstbewußtsein, weiße Herrschermentalität und Hilflosigkeit, freiwilliges Exil und Rückkehr.

Zoë Wicomb wurde 1948 in Kapstadt (Südafrika) geboren. Sie studierte zunächst an der University of Cape Coloureds und engagierte sich in der Anti-Apartheid-Bewegung ihres Landes. 1970 ging sie nach Großbritannien. Nach einer kurzen, traumatischen Rückkehr in ihre alte Heimat 1991 arbeitet sie heute als Sprachwissenschaftlerin in Glasgow (Schottland). Ihr Credo: »Literatur ist notwendig, um sich eine Stimme zu verschaffen.«

Ein Buch aus dem Lamuv Verlag

Aminata Sow Fall

Der Streik der Bettler

Roman

Aus dem Französischen von Caroline Gutberlet
Mit einer Nachwort von Peter Schunck

Aminata Sow Fall thematisiert die Verfallenheit der afrikanischen Gesellschaft, deren herrschende Schicht nicht in der Lage ist, die eigenen Interessen denen der Gemeinschaft unterzuordnen.
Die Bettler werden als »menschlicher Abfall« bezeichnet. Ihnen wird bewußt, daß nicht die Freigebigen ihnen einen Dienst erweisen, sondern daß sie – die Bettler – den Gläubigen die Erfüllung der religiösen Pflicht des Almosengebens, die der Koran vorschreibt, ermöglichen, daß die Vorstellung, daß sich das Schicksal durch Opfergaben an die Armen beeinflussen läßt, ihre Anwesenheit voraussetzt. So treten sie in Streik...

»Das Verhalten der Armen im ›Streik der Bettler‹, ihre Solidarität, ihre Menschlichkeit und ihre Gewaltlosigkeit, verkörpert den Widerstand des alten Afrika gegenüber der Aggressivität der neuen, vom Westen beeinflußten Oberschicht...«

(Peter Schunck)

Ein Buch aus dem Lamuv Verlag

Nuruddin Farah
Aus einer gekrümmten Rippe

Roman

Aus dem Englischen von Gunter Böhnke
Mit einer Nachbemerkung von Angus Calder
Lamuv Taschenbuch 150

»Gott schuf die Frau aus einer gekrümmten Rippe; und ein jeder, der versucht, sie geradezubiegen, wird sie zerbrechen.« (Somalisches Sprichwort)

Ebla ist zu lebenshungrig und selbstbewußt, um hinzunehmen, daß Männer einfach über sie verfügen. Heimlich verläßt die junge Nomadin ihren Stamm, um der Heirat mit einem schon Betagten zu entgehen. In der Stadt will sie der Cousin verschachern. Sie flieht in die Heirat mit einem Unbekannten...

»Mehr als ein Kritiker hat Farah wegen seiner Fähigkeit, Dinge aus der Sicht der Frauen zu sehen, gelobt; so wurde ›Aus einer gekrümmten Rippe‹ als eines der umfassendsten Bilder einer Frau in einem afrikanischen Roman gewürdigt. Farah selbst meint, daß das, was andere als ›pro-feministisch‹ bezeichneten, eher zufällig sei und keinesfalls Absicht: ›Ich schreibe nur, was ich fühle.‹« (Literatur-Nachrichten)

Nuruddin Farah, 1945 in Somalia geboren, zählt zu den bedeutendsten zeitgenössischen Schriftstellern Afrikas. Er hat sich immer wieder gegen politische Repression gewandt. In seinem Heimatland fand er deshalb wenig Achtung. Das Barre-Regime verhängte über ihn das Todesurteil, zwang ihn zu Flucht und Exil.
Farah lebt seitdem vorwiegend in afrikanischen Ländern, war Hochschullehrer, hat Kurzgeschichten, Drehbücher und sechs Romane geschrieben, die in 17 verschiedenen Sprachen übersetzt worden sind.

Nuruddin Farah
Wie eine nackte Nadel

Roman

Aus dem Englischen von Barbara Hillgen
Mit einem Nachwort von János Riesz

»Die Nadel, mit der man die Kleider der Leute näht, bleibt selber nackt.« (Arabisches Sprichwort)

Der somalische Lehrer Koschin wartet auf die Ankunft seiner englischen Freundin Nancy. Die beiden hatten einander versprochen, sich zu heiraten, wenn sie innerhalb von zwei Jahren keinen anderen Partner gefunden hätten.
Nancy will ihr Leben mit Koschin teilen in einer Gesellschaft, die sie nicht kennt. In der Erwartung seiner zukünftigen Frau geht der Somali durch alle Zweifel gemeinsamen Lebens.
Nicht nur die spannende und menschlich ansprechende Handlung, sondern auch die wechselnde Erzähltechnik vom objektiven Erzählstil über den inneren Monolog machen diesen Roman zu einem Meisterwerk der Erzählkunst.

»Die Romane von Nuruddin Farah gehören unbedingt zur Pflichtlektüre über Afrika, weil sie den Schlüssel zur afrikanischen Identität liefern ...« (Mourad Kusserow in: Afrika-Post)

Ein Buch aus dem Lamuv Verlag

Esoterik

Herausgegeben von Gerhard Riemann

»Eines Abends, nach einem Tanzfest, hatte ich entdeckt, in wie ungewöhnlich tiefe Trance sich Ruth Simmons unter Hypnose versetzen ließ. Eine Gruppe von wohl einem Dutzend Paaren hatte sich nach dem Fest in der Wohnung eines der Teilnehmer zusammengefunden. Einige der Anwesenden bestürmten mich, doch unbedingt einen Beweis meiner hypnotischen Fähigkeiten zu liefern. So höflich wie möglich wandte ich ein, daß ich nicht zur ›Schaustellung‹ neigte, erklärte mich aber bereit, den Anwesenden zu zeigen, wie man sich in allmähliche Entspannung versetzt; so würden sie wenigstens einmal sehen, wie eine richtige Trance begänne . . . Ich sagte der schlafenden Ruth Simmons, die jetzt sehr tief atmete, sie solle versuchen, mit ihrem Erinnerungsvermögen noch weiter zurückzudringen . . .
Und nun lauschten wir auf die leise, entspannte Stimme, die so fern und gleichzeitig nah war . . .
Das kleine Mädchen schien an einen anderen Ort und in eine andere Zeit zu gehören. Als ich es nach ihrem Namen fragte, antwortete mein Medium: ›Briday . . . Briday Murphy.‹«

Der Amerikaner Morey Bernstein, Jahrgang 1919, besuchte die University of Pennsylvania und graduierte 1947 an der Wharton School of Finance. Seit Jahren beschäftigt er sich mit Hypnose und arbeitet nebenberuflich im Rahmen psychologischer Forschungsprogramme.

Vollständige Taschenbuchausgabe
Droemersche Verlagsanstalt Th. Knaur Nachf. München
Lizenzausgabe mit freundlicher Genehmigung des
Scherz Verlags, Bern und München

Titel der Originalausgabe »The Search for Bridey Murphy«
Aus dem Amerikanischen von Heinrich F. Gottwald
und Roland Fleißner
Umschlaggestaltung Dieter Bonhorst
Gesamtherstellung Clausen & Bosse, Leck
Printed in Germany · 1 · 10 · 184
ISBN 3-426-04114-6

1. Auflage